KB076381

사랑, 연결, 선택의 선물 나누기

자녀가
"싫어!"라고 할 때

Parenting from Your Heart

자녀가 "싫어!"라고 할 때

사랑, 연결, 선택의 선물 나누기

발행 2013년 5월 6일 초판 1쇄
2022년 11월 15일 초판 4쇄

지은이 인발 카스탄
옮긴이 김숙현
감수 캐서린 한
펴낸이 캐서린 한
교정·편집 한국NVC출판사
펴낸곳 한국NVC출판사

등록 2008년 4월 4일 제2021-000103호
주소 (03702) 서울특별시 서대문구 연희로 15길 78, 2층
전화 02-3142-5586 **팩스** 02-325-5587
이메일 books@krnvcbooks.com
웹사이트 www.krnvcbooks.com

ISBN 978-89-961048-3-4 04180
ISBN 978-89-961048-9-6 (세트)

* 값은 뒤표지에 있습니다. 잘못 만든 책은 바꾸어 드립니다.

비폭력대화(NVC)
작은책 시리즈
01

인발 카스탄 지음
김숙현 옮김 · 캐서린 한 감수

사랑, 연결, 선택의 선물 나누기

자녀가
"싫어!"라고 할 때

Parenting from Your Heart

한국NVC출판사

추천의 글

우리는 세상의 모든 아이들이 정서적 안전을 느끼면서 편안하게 본래의 제 모습으로 자랄 수 있기를 바라고, 또 그런 가정과 학교를 지원하는 사회를 아이들에게 물려주고 싶어 합니다. 그렇게 되기 위해서는 우리가 풀어야 하는 몇 가지 당면한 문제들이 있습니다.

아이들이 자라날 땅 자체를 위협하고 아이들의 건강을 해치는 환경 파괴의 가속화, 인간을 포함한 지구의 모든 생명체를 여러 번 멸망시킬 수 있을 만큼 쌓여 있고 또 계속 만들어지는 무기들, 사람들을 극단적인 행동으로 몰아가는 극심한 빈부 차이, 이들이 우리 아이들의 생존 자체를 위협하고 있습니다.

이 모든 것은 우리 모두 안에 있는 오래된 생각의 패턴에서 나온 행동의 결과입니다. 이 생각들을 점검하지 않은 채 그냥 따르며 살 때 파괴적인 결과를 가져옵니다. 그 패턴 중의 하나는 우리 안에 깊이 자리 잡고 있는 두려움과 불안에서 나오는 적개심입니다. 나와 의견이 다른 사람을 적으로 보며 비난하고 판단하면서 없애버리려고 하는 것입니다. 다른 하나는 물질주의의 결과로 느끼는 공허함을 메우기 위해서 인간의 존엄성을 지키는 데 필요한 것보다 훨씬 더 많은 것을 소유하려고 할 때 따라오는 갈등과 폭력입니다.

우리의 희망 또한 우리의 생각(의식)에 있습니다. 생각 없이 따르던 개념들이 과연 우리 모두의 삶을 풍요롭게 하는 데 도움이 되는 것인지 다시 한 번 되돌아보아야 합니다. 그리고 우리는 아이들에게 평화와 희망의 새로운 패러다임을 보여 주어야 합니다. 그것은 의견이 다른 사람들 사이에서 서로 존중하고 배려하면서 조화롭고 즐겁게 사는 것입니다.

가정이나 사회의 폭력을 대물림하지 않으려면, 우리가 지금 우리 아이들과 어떤 관계를 맺으며 사느냐가 중요합니다. 인간관계의 많은 부분이 대화로 맺어지기 때문에, 우리가 아이들을 기르면서 매일 직면하는 갈등을 어떻게 사랑의 연결을 유지하며 대화로 풀어 나가는지를 보여 주는 것으로 시작할 수 있습니다. 이 책은 그 가능성을 구체적으로 보여 주고 있습니다.

캐서린 한(한국NVC출판사 대표)

시작하는 말

다른 아이의 장난감을 움켜잡고 놓지 않으려는 세 살짜리를 어떻게 다루어야 하나? 다섯 살 난 딸이 놀이터에서 다른 아이들은 미끄럼틀을 타지 못하게 할 때 딸아이에게 어떻게 말을 해야 하나? 자기가 맡은 일을 계속해서 소홀히 하는 십 대 자녀에게 어떻게 말을 해야 하나? 위험한 선택을 하려는 자녀들을 위험에서 보호할 수 있는가? 자녀들과 대화가 전혀 되지 않거나 긴장 상태로 분노, 좌절, 고통에 시달리고 있다면 어떤 도움을 받을 수 있을까?

많은 부모들이 끊임없이 부딪히는 상황들이다. 자녀들이 많으면 고충은 더 많아진다. 그 밖에도 직장, 돈, 시간, 인간관계 등으로 압박감이 더하면 속은 끓어오르고 아슬아슬해진다. 배우자, 가족, 공동체의 도움 없이 아이들을 혼자 길러야 하는 사람들도 있다. 이것 말고도 부모들이 직면하는 어려움은 셀 수 없이 많다. 따라서 부모들이 도움, 지침, 위안을 갈구하는 것은 전혀 이상한 일이 아니다. 그러나 이런 어려운 문제들을 해결하기 위해 관련 서적이나 전문가를 찾으면, 서로 상반되거나 우리가 아이들과 가족에 대해 가지고 있는 가치관이나 희망과는 맞지 않는 조언을 주기도 한다. 적용해 보고 싶은 아이디어를 찾았을 때에도 습관, 관계의 패턴을 바꾸기가 매우 힘들다는 것을 곧 깨닫게 된다.

이 책은 부모와 어린이들과 관련이 있는 사람들에게 비폭력대화(NVC, Nonviolent Communication)가 실제로 어떻게 도움을 줄 수 있는지 소개하고 있다. 자기 자신과 깊이 연결하고 배우자나 자녀들과 즐거운 관계를 맺고 부모 역할을 통해 세계 평화에 이바지하려는 사람들에게 도움이 될 것이다. 나의 방법은, 읽어 보면 알겠지만, 당장의 문제 해결을 넘어 개인과 사회 변화의 영역에 접근하고 있다. 이 책은 다양한 주제와 상황을 이해하고, 우리 스스로가 변하거나 육아법에 대해 배운 것을 실천하는 데 도움이 되는 10가지의 연습 문제를 포함하고 있다. 그렇다고 해서 이 책에서 NVC나 부모 역할에 관한 모든 것을 다룬 것은 아니다. 내가 했던 워크숍이나 강의 등에서 다루었거나 또 직접 체험한 주제들 중 여기에 소개되지 않은 것이 많다. 그래도 나는, 이 책이 아이들과 더 깊이 연결하는 데 도움이 되는 구체적인 방법을 보여 줌으로써 NVC를 더 배우고 싶은 열망을 북돋워 주기를 바란다.

이 책에 소개된 아이디어를 실천해 본 뒤에 가정에 변화가 있었다는 이야기를 듣는다면 더없이 기쁘겠다. 비폭력대화와 그 기본 단계들에 대해 알고 싶으면 이 책 뒤쪽에 있는 관련 부분을 참조하기 바란다.

차 례

'강압적인 힘' 대 '함께하는 힘'

아이들이 하기 싫어하는 일을 부모가 아이들에게 시키려 할 때가 많다. 이때 부모들은 자신들이 가진 엄청난 물리적, 감정적 그리고 실제적 힘을 사용하여 아이들이 복종을 하도록 만들고 싶은 유혹을 느낀다.(여기서 말하는 실제적 힘이란 어른들이 사회적 자원을 쓸 수 있고 그것으로 그들 자신과 자녀들의 삶을 더 통제할 수 있다는 것을 뜻한다.) 그러나 확신하건대, 아이들이 원하지 않는 것을 강제로 하게 하는 것은 단기적인 면에서도 효과를 발휘하지 못하고 장기적으로도 가족들이 바라는 것에 보탬이 되지 않는다.(예외적으로, 건강과 안전이 위협받을 때 NVC는 처벌보다는 보호를 위한 힘을 사용할 것을 권한다.) NVC에서는 사람들이 자기가 원하는 것만을 얻기 위해 사용하는 힘을 '강압적인 힘'이라 하고, 이와 대조적으로 모든 사람의 욕구를 충족하기 위해 사용하는 힘을 '함께하는 힘'이라고 한다. 내가 전에 쓴 글을 읽고 마리아라는 한 어머니가 질문을 한 적이 있다. 우리가 가진 힘과 자원을 써서 자녀의 행동에 영향을 주고 싶은 유혹을 직시하는 질문이었다.

저는 보상과 처벌로 두 살 난 아들 노엘과 '거래'를 하면서 키웠습니다. 때로는 꽤 효과가 있는 것 같기도 했어요. 적어도 이 방법은 자기 접시에 있는 음식을 다 먹는 등, 제가 원하는 대로 아들이 행동하게 했지요. 그러나 이 방법이 뭔가 불편했어요. 상과 벌을 쓰는 방법이 효과가 있다 하더라도 혹시 문제가 있는 것은 아닌가요?

나는 보상과 처벌에 문제점이 있다고 생각한다. 왜냐하면 장기적으로는 우리가 원하는 대로 그 방법이 성공하는 경우가 극히 드물기 때문이다. 사실 나는 상과 벌은 우리가 원하는 것과 반대되는 결과를 가져온다고 생각한다. 이와 관련해서, 마셜 로젠버그Marshall Rosenberg, NVC의 창시자는 부모들에게 두 가지 질문을 함으로써 그 문제점을 보여 준다.

"여러분은 자녀들이 무엇을 하기 바라는가?"

"여러분은 자녀가 어떤 이유로 그것을 하기를 원하는가?"

대부분의 부모들은 두려움, 죄책감, 수치심, 의무감 또는 보상 때문에 아이들이 어떤 행동을 하기를 바라지는 않는다.

나는 부모나 아동 교육 전문가들로부터 상과 벌이 효과가 있다는 말을 들으면 도대체 그 의미가 무엇인지 궁금해진다. 효과란 말은 부모가 말한 것을 적어도 얼마간 자녀가 따랐다는 것, 즉 자녀가 순응했다는 것을 뜻한다고 나는 생각한다. 그러나 그런 목적(순응)과 방법(보상과 처벌)은 대가를 치르기 마련이다. 왜냐하면 상과 벌에는 두려움, 죄책감, 수치심, 의무감, 보상뿐 아니라 종종 분노와 원한이 뒤따르기 때문이다. 보상과 처벌은 분명히 밖에서 오는 동기다. 자녀들이 그것에 의존하게 되면, 그들에게 고유한 욕구를 충족시키는 내적 동기와는 멀어지게 된다. 나는 인간이 어떤 행동을 할 때, 가장 강하고 즐거운 내면적 동기는 그들 자신이나 다른 사람의 욕구를 충족시키고 싶은 마음이라고 생각한다. 부모와 자녀들은 그들 자신과 서로에게 연결되어 있다고 느끼거나 그들의 욕구가 상대방에게도 중요하다고 느낄 때, 또 상대방에게 도움이 될 선택을 할 수 있는 자유를 경험할 때 내면에서 우러나는 동기에 따라 행동한다.

내적인 동기에 따라 행동하는 경험을 자녀들이 하게 해 주려면, 부모들이 권위적이거나 강압적인 것에서 벗어나 가능한 한 모든 사람의 장기적인 욕구에 더 중점을 두는 것이 중요하다. 물론 이렇게 하는 데에는 시간이 필요하다. 왜냐하면 눈앞의 문제에서 한 걸음

더 나아가, 큰 그림 속에서 무엇이 가장 중요한지 생각해야 하기 때문이다. 이 시간은 충분히 투자할 만한 가치가 있다. 그 덕분에 가족들은 장기적으로 좀 더 깊은 유대감·신뢰·조화를 경험하게 되고, 자녀들은 삶의 중요한 기술을 배울 수 있게 된다. 나는 대부분의 부모에게 단순한 순응보다는 이런 목표들이 더 매력적이고 신나는 것이 되리라고 믿는다.

상과 벌 대신, NVC는 다른 사람과 유대감을 형성하는 데 필요한 세 가지 출발점을 제시한다. 그것은 다른 사람을 공감하는 것, 자신의 관찰·느낌·욕구·부탁을 표현하는 것, 그리고 자기 공감을 통해 다른 사람과 연결하는 것이다. 마리아가 던진 질문을 통해 세 가지 방법을 설명해 보려 한다.

아이와 공감하기

다른 사람과의 공감은 깊은 이해와 연결에 이를 수 있는 문을 열어 준다. 첫째로, 마리아는 지금 아들의 어떤 욕구가 채워지지 않고 있다는 것을 의식하는 데에서 시작할 수 있다. 비록 걸음마를 시작한 유아나 좀 더 큰 아이들이 NVC의 언어를 모르더라도, 부모들은 아이들의 욕구를 알아낼 수 있다. 노엘이 "싫어!" 하면서 음식을 밀어낼 때, 마리아는 노엘의 행동을 바꾸려 하는 대신 아이가 지금 무엇을 느끼고 진정으로 원하는 것은 무엇인지 이해하려고 노력할 수 있다. 그녀는 속으로 다음과 같은 질문을 할 수 있다. '노엘이 놀고 싶어서 먹기를 거부하는가?' '먹기 싫은가?' '다른 것에 마음을 빼앗겨서 그것에 집중하고 싶어 하는가?' '무엇을 먹을까, 언제 먹을까를 스스로 선택하고 싶어 하는가?' 어쩌면 노엘은 배가 고프지 않고, 그래서 자기 몸에 필요한 것을 아는 자신의 힘을 믿고 싶은데 그러지 못해서 혼란을 느낄 수도 있다.

마리아는 아들의 욕구들을 이렇게 추측하고 어떤 것이 맞는지 직접 확인해 볼 수 있다. 예를 들자면 다음과 같은 질문들을 해 볼 수 있다. "네가 더 좋아하는 걸 먹고 싶니?" "다른 걸 하고 싶어?" "게임을 더 하고 싶니?" "네가 원할 때 먹고 싶어?" 아이들이 잘 이해하지 못할 것 같으면 부모들은 간단하고 쉬운 말로 할 수 있다. 그러나 걸음마를 시작한 어린아이들도 그들이 말로 표현하는 것보다 더 많은 말을 알아듣는다는 사실을 잊지 말아야 한다. 더 나아가, 부모가 쓰는 말에 느낌과 욕구가 더해지면, 아이들은 자기 감정을 의식하고 표현하는 법을 자연스럽게 배우게 되어 감정지수를 높일 수 있다. 비록 아이들이 묻는 말에 대답을 하지 않더라도, 대부분의 부모들은 단순히 아이의 욕구들을 마음속으로 알아차리는 것만으로도 자신의 목소리나 몸짓언어가 달라지는 것을 느낄 수 있고, 따라서 잠재적인 힘겨루기를 피할 수 있게 된다. 이제 마리아는 자신과 아들의 욕구를 모두 충족할 방법을 찾아 갈 수 있다.

나는 부모들이 아이에게 공감해 줄 때 자신이 원하는 특정한 방법대로 자녀들이 행동하게 만들겠다는 목표를 내려놓을 것을 권유

한다. 그보다는 자녀들과 연결하는 데 초점을 맞추기 바란다. 그와 더불어, 부모들이 자신의 내적인 욕구와도 연결을 유지하는 것이 중요하다. 예컨대 마리아의 경우, 자신의 욕구를 포기하지 않으면서 아들의 욕구를 충족시키기 위해서 기꺼이 할 수 있는 방법들을 생각해 보는 것이 중요하다. 그 방법들에는 식사 메뉴 바꾸기, 아이들이 놀면서 식사를 할 수 있는 장소를 집 안에 마련하기, 아이와 함께 재미나고 다채로운 음식을 만들어 먹기 등, 여러 가지가 있을 수 있다. 엄마와 아이의 욕구가 모두 충족될 수 있다면, 사실 방법은 그리 큰 문제가 아니다. 그런 식으로 아들의 욕구를 보살피면서, 마리아는 자신의 욕구도 함께 돌보게 되는 것이다. 궁극적으로 마리아와 노엘의 욕구 사이에 갈등은 없다. 상황에 따라 욕구를 충족하는 방법과 우선순위가 서로 다를 뿐이다.

경험 나누기

NVC에서 우선하는 것은 모든 사람의 욕구를 충족해 줄 질적인 인간관계를 이루는 것이다. 그 일은 때로는 아이들의 욕구에 공감하는 것을 의미하기도 하고, 때로는 부모들이 자신을 표현하는 방법에 주의를 기울이는 것을 의미하기도 한다. 자녀들과 의사소통을 하면서 자신이 하는 말을 되돌아볼 때, 부모들은 아이들에게 같은 말("그만 놀고 밥 먹으라고 엄마가 그랬지.")을 반복해 왔다는 사실을 발견하게 된다. 그리고 그런 상황에서 자녀들은 부모의 말을 귓

등으로 듣는다. 부모들이 그 순간의 경험을 충분히 다르게 표현할 수 있는 방법이 있다. 자신이 지금 무엇에 반응을 하고 있고(관찰), 어떻게 느끼며, 그때의 욕구가 무엇인지, 그리고 아이에게 무엇을 원하는지를 말하는 것이다. 어린이를 포함한 대부분의 사람들은 서로의 느낌과 욕구를 이해할 때 부탁하는 사람과 연결을 할 수 있어서 그에게 배려를 할 수 있게 된다.

예컨대 노엘이 밥을 먹으려 하지 않을 때, 마리아는 이렇게 말할 수 있다. "밥상의 음식을 먹지 않고 내버려 두는 것을 볼 때 엄마는 걱정이 된다. 네가 힘도 세지고 키도 크고 건강하게 자라기를 바라기 때문이야. 이것 좀 먹어 볼래?" 이때 알아 두어야 할 점은 자율성에 대한 인간의 욕구가 대단히 크다는 것이다. 자율성을 지킬 수 없을지 모른다는 두려움이 있을 때에는 더욱 그렇다. 그래서 노엘이 "싫어!"라고 말하는 것이다. 여러분이 자녀를 키울 때 강제로 무언가를 시키지 않기를 내가 바라는 것은 그 때문이다. 부모의 강요를 더 많이 들을수록 자녀들은 부모가 원하는 일을 하기가 더 싫어질 터이고, 결국에는 부모와 자식 모두가 서로 협력하고 배려하는 즐거움을 잃게 되고 만다. 따라서 노엘이 "싫어!"라고 한 순간에 마리아가 어떻게 반응하느냐가 아주 중요하다. 그때 엄마가 보이는 반응이, 엄마가 자신의 욕구뿐 아니라 아들인 자기의 욕구도 중요하게 여긴다는 신뢰를 노엘이 쌓기 시작하는 전환점이 될 수도 있다.

마리아는 아들의 욕구를 공감으로 들어 주기를 선택할 수도 있고, 자신의 느낌과 욕구를 다시 말하는 선택을 할 수도 있다. 그녀는 "엄마는 속상해. 식사 시간에 좀 편했으면 좋겠어. 네 협조가 필요해." 또는 "엄마가 좀 혼란스러워. 네가 무엇을 원하는지 엄마는 알고 싶어."라고 말할 수 있다.

NVC의 모든 표현은 "너, ……해 줄 수 있겠니?"라는 뜻을 담은 부탁으로 끝난다. 이렇게 물어보는 것은 대화의 흐름을 유지하기 위해서이다. 하지만 부모들은 종종 같은 부탁을 반복한다. 부모들의 목표가 아직도 자녀들이 부모의 바람대로 행동하게 하는 것이기 때문이다. 그러면 자녀들은 그것을 알아차리고 더 강력하게 반대한다. '싫어!'라는 것을 잘 다루고 싶다면, 부모들은 자신이 하는 부탁에 주의를 기울여야 한다. 그럼으로써 마리아는 자신이 무슨 말을 하고 있는지 다시 한 번 돌아볼 수 있게 된다. 먹으라는 부탁을 반복하지는 않았나? 그런 부탁은 노엘에게 강요로 들리기 쉽다. 마리아는 자신의 욕구를 충족할 다른 방법을 생각해 볼 수 있다. 예를 들자면, 노엘에게 언제 먹고 싶은지 말해 달라고 부탁하는 것이다. 만약 노엘이 5분 후라고 답한다면, 마리아는 타이머를 그 시간에 맞추어 두는 식으로 아들의 선택하고 싶은 욕구를 만족시킬 수 있다. 그러면 아마 5분 뒤에 노엘은 기분 좋게 앉아서 식사를 하게 될 것이다.

자기 공감

NVC에서 자기 공감은 자신의 느낌과 욕구를 돌아보는 것을 의미

한다. 처음에는 어색했지만, 비폭력대화를 일상생활에서 실천하는 나와 많은 사람들은, 자기를 있는 그대로 받아들이고 자기와 연결하면서 내적 평화를 이루어 가는 데 자기 공감이 아주 큰 효과가 있다는 사실을 알게 되었다. 반응을 보이기 전에 잠깐이라도 자기 공감의 시간을 가지면 분노를 가라앉히고 힘겨루기를 예방할 수 있게 된다.

마리아가 자기 공감을 한다면, 마음속으로 다음과 같은 대화를 할 법하다. '아! 나에겐 스트레스가 너무 많아. 휴식이 필요해. 또, 노엘이 몸에 필요한 영양분을 충분히 섭취했다는 확신도 내겐 필요해. 건강을 돌보는 데 협조해 주면 좋겠는데 마음대로 안 돼서 너무 속상해. 아이를 위해 무엇을 해야 하는지 알고 싶은데 정말 알 수가 없어서 힘들어.'

처음에는 자신의 느낌과 욕구를 알아차리는 데 시간이 걸리겠지만, 좀 더 편안하게 자신과 연결하는 방법을 차츰 터득하게 될 것이다. 자신의 욕구를 명확하게 파악한 마리아는 무엇을 할 것인지 생각한다. 여러 방법으로 그녀의 욕구는 충족될 수 있을 것이다.

노엘을 이해하기 위해 공감을 했는가? 자신의 느낌, 욕구, 부탁을 표현했는가? 노엘이 얼마만큼 먹어야 하는가에 대한 그녀의 염려와 관련해 전문가와 상의를 했는가? 배우자나 친구에게 그 문제를 이야기했는가? 영유아를 위한 음식에 관한 책을 읽어 보았는가? 노엘에게 먹을거리에 대한 선택의 폭을 넓혀 주었는가? 아이와 함께 놀이하듯 만들 수 있는 요리를 생각해 보았는가?

욕구를 알고 나서 생각해 낸 방법들은 그녀가 원하는 것을 얻는 데 더 효과적일 것이다. 나는 자기 공감을 하면서 자란 사람을 만나 본 적이 없다. 자기를 공감한다는 생각의 생소함과, 그것을 하기 위해 필요한 시간을 내는 데 드는 노력들이 자기 공감을 실천하기 힘든 사치스러운 것으로 생각하게 만든다. 그러나 자기 공감은 명상과 마찬가지로 일상생활에 '숨 쉴 공간'을 준다. 비록 자기 공감이 만병통치약은 아니지만, 우리가 '해결 방법'을 찾지 못할 때에도 그 상황을 받아들일 수 있도록 도와준다. 자기 공감으로 부모들은 연결, 성숙, 중요한 것에 대한 집중, 창조적인 문제 해결책, 부모로서의 자질 성장과 심화, 기쁨과 만족을 주는 방향으로 행동할 수 있다는 자신감 등을 얻을 수 있다. 그중에서도 으뜸은 사랑하는 자녀들과의 신뢰와 유대감 향상이다.

왜 연결을 위한 시간이 필요한가?

왜 연결을 하기 위한 시간을 내어야 하는가?

부모들이 자녀들과 관계를 맺는 방식은 자녀들이 자신, 부모, 다른 사람들 그리고 세상을 이해하는 데 영향을 준다. 다른 아이가 가진 장난감을 빼앗은 아이에게 "남의 것을 빼앗으면 안 돼!"라고 말하면서 부모가 장난감을 다시 빼앗는다면, 아이에게 힘을 가진 사람들이 빼앗는 것은 괜찮은 것이라고 가르치는 셈이 된다. 부모가 일방적으로 십 대 자녀에게 통행금지 시간을 강요하는 것은, 스스로 사려 깊은 결정을 할 수 있는 자녀의 능력을 부모가 신뢰하지 않는다는 것을 암시한다. 그렇게 하는 대신, 부모는 다른 말이나 행동으로 두 가지 핵심적인 생각을 전할 수 있다.

① 모든 사람의 욕구는 중요하다.
② 서로 충분히 연결되면 모든 사람에게 맞는 방법을 찾을 수 있다.

부모들이 자녀가 하는 말이나 행동의 이면에 있는 느낌이나 욕구를 공감으로 들어 줄 때, 부모들은 귀한 선물을 자녀에게 줄 수 있다. 즉, 그럴 때 부모들은 자녀들이 자신의 욕구를 이해하고, 표현하고, 그것을 충족할 방법을 찾을 수 있도록 도와주게 된다. 또, 그럴 때 부모들은 다른 사람과 공감을 하는 본보기가 되고, 자녀들은 모든 사람의 욕구가 중요하다는 것을 알게 된다. 그럴 때 부모들은 사람들이 중요하게 여기는 욕구가 매우 다양하다는 것을 자녀에게 깨우쳐 준다. 그리고 자녀들은 당장 방 청소를 하는 것, 텔레비전을 보는 것, 돈을 버는 것은 욕구를 충족하는 수단이나 방법이라는 것을 알게 된다. 천천히 자신의 깊은 욕구를 파악한 아이들은 그것을 충족할 수 있는 창조적인 방법을 쉽게 찾아 간다.
부모들이 자녀의 느낌과 욕구에 민감하다면 더 많은 축하할 일이 생긴다. 즉, 자녀들이 원하는 것을 희생시키지 않으면서 부모들의 욕구를 충족할 방법을 찾을 수 있고, 자녀가 중요하게 생각하는 것은 무시하면서 자신만을 위한 방법을 강요해 왔다고 생각하는 부모들이 경험하는 고통을 크게 덜 수 있다.

마지막으로, 부모들이 내면의 느낌과 욕구를 자녀들과 나누면, 자녀들은 우리 사회에서 흔하지 않는 매우 소중한 기회를 얻게 된다. 즉, 부모를 잘 알고 이해하게 된다. 그리고 비난받지 않으면서 자신들이 한 행동이 어떤 결과를 가져오는지를 배우게 된다. 그리고 다른 사람의 욕구를 충족시키는 데 기여할 수 있는 자신의 능력과, 그것을 행사했을 때 오는 즐거움도 경험하게 된다.

기본 설명

핵심 개념

관찰_ 보거나 들은 것을 해석이나 판단을 하지 않으면서 표현하는 것이다. 예를 들자면 "그 아이는 성깔이 대단해."라고 하는 대신에 "그 아이는 바닥에 누워 발길질을 하며 울고 있어."라고 말하는 것이다. 다른 사람의 말을 옮길 때에는 자기 말로 바꾸지 않고 그대로 인용한다.

느낌_ 분석이나 해석 등, 다른 사람의 행동에 대한 생각이 아니라 자신의 느낌을 말하는 것이 중요하다. "내가 조종당하는 것 같아." 라고 말하는 것은 그 사람의 행동에 대한 나의 해석이다. 그 대신, "나는 불편해."라고 말할 수 있다. "나는 ……같이 느껴." 또는 "내가 느끼기에는 ……" 같은 표현은 피하는 것이 좋다. 이런 표현은 느낌 보다는 생각을 나타내기 때문이다.

욕구_ 느낌은 욕구에서 나온다. 욕구는 개인에 따라 달라지는 것이 아니라 만인이 공통으로 가지고 있는 것이며 항상 작동하고 있다. 내 느낌의 원인으로 다른 사람의 행동보다는 자신의 욕구를 말한다. 예를 들자면 "네가 설거지 안 해서 나는 속상해."라고 말하는 대신, "나는 도움이 필요해서 속상해."라고 말하는 것이다.

부탁_ 부탁을 할 때에는 구체적이고, 곧 할 수 있는 긍정적인 행동 언어로 표현한다. 긍정적인 행동 언어란 원하지 않는 것을 말하는 것이 아니라 원하는 것을 말하는 것이다. 예를 들자면 "오늘 밤에도 전처럼 늦게 돌아오지 않는다고 약속해." 대신에 "나하고 약속한 시간에 돌아와 줄래?"라고 하는 것이다. 부탁을 한다는 것은 상대방에게 "아니오."라는 말을 들었을 때 그것을 기꺼이 받아들이고 계속 대화를 할 기회로 삼는다는 것이다.

공감_ NVC에서는 다른 사람의 느낌과 욕구를 추측하며 다른 사람에게 공감을 한다. '정확하게 잘' 공감하려고 노력하는 대신, '연결'하는 데 목표를 둔다. 때로는 관찰이나 부탁은 생략한다. 다음 시나리오를 보고, 이 책 98쪽에 있는 '욕구와 느낌말 목록'과 여러분 자신의 이해를 활용하여 부모와 자녀의 느낌과 욕구를 추측하여 적어 보기 바란다.

1. 부모가 자녀에게

부모가 자녀에게 "지금 당장 방 청소해."라고 말한다.

부모의 느낌 _____

부모의 욕구 _____

부모가 자녀에게 "넌 왜 내 말을 안 듣니?"라고 말한다.

부모의 느낌 _____

부모의 욕구 _____

부모가 자녀에게 "너, 그건 버릇없는 말이야."라고 말한다.

부모의 느낌 _____

부모의 욕구 _____

2. 자녀가 부모에게

자녀가 부모에게 "싫어요. 방 청소 안 할래요."라고 말한다.

자녀의 느낌 _____

자녀의 욕구 _____

자녀가 부모에게 "저한테는 아무 관심도 없으시잖아요."라고 말한다.

자녀의 느낌 _____

자녀의 욕구 _____

자녀가 부모에게 "거기에 대해서는 더 말하기 싫어요."라고 말한다.

자녀의 느낌 _____

자녀의 욕구 _____

NVC로 바꾸어 말해 보기

이전에 자녀에게 했던 말을 NVC로 바꾸어 표현해 보자. NVC 모델에 따라 관찰, 느낌, 욕구 그리고 부탁으로 구분해 써 보자.(부탁은 당장 문제를 해결하려는 것이 아니다. 대화의 시작이다.)

◆ 보기

원래 말_ "다른 사람 때리지 마. 당장 네 방으로 가."

NVC_ "네가 동생을 때려서 동생이 우는 걸 보면 엄마는 걱정이 돼. 왜냐하면 나는 너희가 모두 안전하기를 바라기 때문이야. 무슨 일이 있었는지 엄마한테 말해 줄래?"

원래 말_ 나의 관찰 _____

　　　　나의 느낌 _____

　　　　나의 욕구 _____

　　　　나의 부탁 _____

힘겨루기를 넘어서

아이의 투정과 힘겨루기는 많은 부모들에게 매우 힘든 일이다. 아이들의 투정과 힘겨루기의 뿌리에는 충족되지 않은 욕구가 있다. 힘겨루기에서 한발 물러서면, 소통은 시작되고 다시 화목해질 수 있다. 다음과 같은 시나리오를 생각해 보자.

　네 살 먹은 앨리사가 미끄럼틀 꼭대기에서, 그녀 뒤에서 순서를 기다리던 두 어린이에게 "저리 가!"라고 말한다. 이런 상황에서 다른 두 아이는 기분이 나빠진다. 앨리사에게 내려오라고 달래던 아버지 데이브는 "앨리사, 다른 아이들도 타게 해. 아니면 집으로 가자."라고 말한다. 이에 앨리사는 "집에 안 가!" 하고 소리를 지른다. 그러고는 계속 미끄럼틀 꼭대기에 앉아 있다. 두 아이와 그들의 부모는 이런 광경을 지켜보고 있다. 데이브는 화가 나서 "당장 내려와, 앨리사!"라고 말하고, 아이는 "안 내려갈 거야."라고 답한다.

그다음에는 무슨 일이 일어날까? 데이브는 같은 말을 되풀이하거나, 미끄럼틀에서 내려오지 않으면 놀이터를 떠나겠다고 딸에게 으름장을 놓을지도 모른다. 앨리사는 아버지의 말을 따를 수도, 따르지 않을 수도 있다. 만일 앨리사가 말을 듣지 않는다면, 데이브는 자신이 말한 대로 할 수도 있고 안 할 수도 있다. 만일 데이브가 힘을 써서 딸을 강제로 끌어 내리려고 한다면, 앨리사는 더 고집을 피우며 발길질을 하거나 소리를 지를지도 모른다. 그러면 그 아이를 움직이게 하기는 거의 불가능해진다. 한편, 놀이터 모래밭에서 재미있게 놀고 있던 앨리사의 동생은 울기 시작한다. 자기는 잘못한 것도 없는데 놀이터를 떠나야 할지도 모르기 때문이다. 결국 재미있던 놀이는 아버지와 딸의 힘겨루기로 끝나고, 모든 사람의 기분은 엉망이 된다.

자기 공감, 공감, 그리고 표현 사이에서

NVC는 이런 상황에서 어떻게 할까? 앨리사가 다른 아이들에 "저리가!"라고 말하는 것을 들으며, 아버지는 먼저 자기 내면의 반응에 주목한다. 그는 잠시 내면에서 자기 공감을 하기로 한다. '모든 사람이 보고 있구나. 정말 당혹스럽네. 다른 부모들로부터 인정을 받고 싶은데. 또, 시간을 편하게 보내고도 싶은데 속상하다' 반응을 하기 전에 이런 자기 공감을 하면서 데이브는 자신의 욕구를 파악할 뿐 아니라, 화를 내는 것은 대개 일을 풀어 가는 데 보탬이 되지 않는다는 점을 상기하게 된다. 이렇게 숨을 돌리면서 데이브는 자신이 딸과 연결하기를 원한다는 것을 알아차리고, 그 아이의 마음속에서 어떤 일이 일어나고 있는지를 추측해 보기도 한다.

> 데이브 앨리사, 미끄럼 타는 것이 재미있니? 네가 놀 수 있는 자리를 원하기 때문에 다른 아이들에게 비키라고 말하고 있니?(앨리사가 다른 아이들한테 한 말이 적합하지 않다고 판단하거나 앨리사에게 그러지 말라고 요구하는 대신, 데이브는 앨리사가 놀 수 있는 자리를 원했기 때문에 그렇게 말했다고 추측한다.)
>
> 앨리사 맞아요. 여기 나 혼자 올라와 있는 게 재미있어요.
>
> 데이브 그래. 그 위에 혼자 있는 게 좋구나.
>
> 앨리사 (미끄럼틀의 난간을 흔들며) 야호.......

데이브는 아직 자기가 하고 싶은 말을 하지 않았다. 그러나 우선 앨리사와 연결할 수 있는 첫발을 디딘 것이다. 딸의 감정과 욕구에 공감함으로써, 딸의 행동에 대해 판단하거나 비난하는 대신 그것을 이해한다는 것을 보여 준 것이다. 그 덕분에 딸이 아버지의 말을 들을 가능성이 좀 더 커진다.

> 데이브 다른 아이들이 미끄럼을 타지 못해 재미없어 하는 걸 보니까 아빠는 걱정이 돼. 아빠는 모든 아이들이 공원에서 재미있게 놀면 좋겠거든. 다른 아이들도 탈 수 있게, 미끄럼 타고 내려와 줄래?

그렇게 하겠다는 아이도 있겠지만 엘리사는 싫다고 한다.

> 데이브 너는 놀이 방법을 네가 정하고 싶은 거니?(엘리사의 "싫어!"라는 말을 아버지의 권위에 대한 도전으로 보는 대신, 데이브는 "싫어!"라고 한 딸의 느낌과 욕구를 이해하려고 한다.)
> 앨리사 응! 응! 응! 난 안 내려갈 거예요.
> 데이브 앨리사, 아빠는 네가 스스로 결정할 수 있기를 바라. 그런데 여기 있는 다른 아이들을 생각해 주는 것도 원하기 때문에 아빠가 좀 난감해. 너도 재미있고 다른 아이들도 재미있게 놀 수 있는 좋은 방법이 있을까?(다른 아이들의 욕구도 고려하면서 딸의 욕구를 충족시켰으면 좋겠다고 표현함으로써, 딸이 아빠에게는 한쪽만 중요하다고 생각하

지 않게 할 수 있다. 진정으로 모든 사람에게 좋은 해결 방안을 찾고 싶다면, 양쪽의 욕구를 다 수용하려고 애쓸 필요가 있다.)

앨리사 쟤들이 다른 미끄럼틀에서 놀 수도 있잖아요.

데이브 다른 방법을 생각해 주어서 기쁜데, 다른 아이들에게 그 방법이 괜찮은지 물어볼래?(자기가 선호하는 방법은 아니지만, 데이브는 딸의 제안을 고려해 본다. 아버지가 딸의 방법도 고려한다는 신뢰가 있어야, 앨리사에게 다른 방법들을 기꺼이 받아들일 마음이 생길 수 있다. 이것은 매우 중요한 순간이다. 만일 데이브가 한 가지 행동 방식만 고집한다면, 앨리사의 저항을 불러오기 쉬울 것이다.)

앨리사 (다른 두 아이에게) 다른 미끄럼틀에서 놀래?

한 아이 싫어.

다른 아이 다른 미끄럼틀은 여기만큼 재미있지 않아. 나는 여기서 타고 싶어.

데이브 앨리사, 다른 아이들도 이 미끄럼틀에서 놀고 싶어 하고, 아빠는 저 아이들이 재미있게 노는 것도 중요하게 생각해 주고 싶어. 그러니까, 뭔가 다른 방법이 있니? 아니면, 다른 아이들도 탈 수 있게 미끄럼을 타고 내려와 줄래?

강요가 아니라고 믿으면, 많은 아이들이 이쯤에서 협조한다. 그러나 좀 더 힘든 아이들도 있다. 앨리사가 "다른 아이들이 뭘 원하든 나는 상관없어. 안 내려갈 거야."라며 고집을 피운다고 상상해 보자. 대부분의 인내심 많은 부모들도 더는 참을 수 없을 것이다. 이처럼 아주 고집이 센 어린아이들 앞에서 부모들이 얼마나 많은 인내심을 보여야 할까? 그러나 다른 대안—떼쓰기, 힘겨루기, 또는 자녀에게 험한 말을 한 뒤에 오는 후회—도 좋아 보이지 않는다. 그래서 데이브는 자신이 어떻게 행동할 것인지 선택할 수 있는 마음의 공간을 가지기 위해 자기 공감을 다시 시도할 수 있다.

이와 같은 상황에서 가장 쉽게 나타나는 감정은 분노다. 그래서 데이브는 분노를 내면적으로 표현해 보는 것으로 시작했다. '으윽! 정말 화가 난다. 내 딸은 왜 저렇게 사리를 분별하지 못할까?' 그러나 데이브는 거기에서 멈추지 않는다. 왜냐하면 분노는 사람들이 자신의 욕구와 연결하거나 건설적인 행동을 하는 것을 막고, 오히려 우리가 싫어하는 상태에 계속 머무르게 하기 때문이다. 데이브는 분노 밑바닥에 깔린 자신의 느낌과 욕구와 연결하면서 자기 공감을 계속한다. '나도 정말 실망스럽다. 나는 딸과 연결하고 재미있게 지내고 싶다.' 자기 공감을 통해, 데이브는 분노하는 대신 딸과 연결하고 재미있게 지내고 싶은 자신의 욕구를 의식하게 되었다.

연결에서 나오는 창조적인 방법들

딸에게 단순히 미끄럼틀에서 내려오라고 요구하는 한, 자율성에 대한 딸의 욕구와 연결에 대한 아버지의 욕구, 그리고 재미있게 계속 놀고 싶은 딸의 욕구 모두를 충족시킬 수 없는 상황은 계속된다.(놀이는 욕구이자, 아이들과 힘든 상황을 해결해 갈 수 있는 효과적인 방법이다. 아이들이 하기 싫어하는 일과 갈등은 놀이로 바꿀 수 있으며, 놀이는 부모와 자녀 사이를 친밀하게 해 준다.) 자기 공감과 딸을 향한 공감을 통해 연결이 생기면, 자신과 딸의 욕구를 충족할 수 있는 창조적인 방법들을 찾기가 훨씬 쉬워진다.

데이브 (장난스러운 목소리로) 그러니까, 너는 그렇게 높은 데에 서서 내려올지 말지 결정하고 싶은 거니?(딸의 욕구와 다시 한 번 연결한다.)

앨리사 응!

데이브 (웃으며) 어떻게 하면 아빠가 너 있는 데로 올라갈 수 있을까? 미끄럼판으로 걸어 올라갈까, 아니면 사다리를 타고 갈까?(데이브는 결정권에 대한 딸의 욕구와 연결에 대한 자신의 욕구를 충족할 방법을 찾는다.)

앨리사 아빠 여기 올라오면 안 돼요. 이 미끄럼틀은 아이들만 타는 거예요.

데이브 아빠 너랑 놀고 싶은걸. 네가 안 내려올 것 같으니까, 아빠가 거기 올라갈 방법을 찾아야겠다.(데이브는 연결을 하기 위해 계속 놀이하듯 행동한다. 아버지가 힘겨루기를 하지 않는 한, 딸도 하지 않는다.)

앨리사 그러면 미끄럼판으로 걸어 올라와 봐요.

데이브가 걸어 올라가려다가 미끄러지는 시늉을 한다. 딸과 주위의 아이들이 웃는다. 긴장은 사라지고 모두 다시 놀 수 있게 된다.

어떤 시점에서 대화를 중단하고 행동에 나서야 할까? 안전 문제가 걸려 있을 때, 또는 욕구를 충족시킬 다른 사람의 능력이 시간이 갈수록 심각하게 훼손되고 있을 때에는 좀 더 빠르게 움직이는 것이 좋다고 생각한다. 데이브는 다른 아이들의 상황도 놓치지 않는다. 그들은 재미있게 놀고 있는가? 아니면 미끄럼을 타지 못해 화가 나 있는가? 데이브와 앨리사가 이 일을 어떻게 풀어 가는지 호기심을 가지고 바라보고 있는가? 아니면, 짜증이 나서 미끄럼틀로 올라가 앨리사를 미끄럼판으로 밀어 내려보낼 기세인가?

딸과 대화를 더 계속하기에는 데이브의 의지나 기술이 모자랄 수도 있다. 대화는 연결을 위한 것이고, 연결이 데이브가 돌보려는 유일한 욕구는 아니기 때문이다. 데이브는 다른 아이들에 대해서도 배려하고 싶고, 안전과 수용에 대한 욕구도 있고, 놀이터에 같이 와 있는 앨리사의 동생을 생각할 필요도 있다. 그럴 때에도 그는 미끄럼틀에 올라가서 앨리사를 물리적으로 데리고 내려온다는 결정을 할 수도 있다. 그러나 그때에도 물리적인 힘을 수단으로 사용하려는 자신의 동기와 연결되어 있다면, 이와 같은 공감을 통해 데이브는 분노나 벌하고 싶은 충동에서 행동하는 것이 아니라 최선을 다해 보호와 협력에 대한 자신의 욕구를 충족시키려 할 것이다. 이런 자신의 욕구를 앨리사에게 잘 설명하게 되면, 전체 상황이 소외가 아닌 연결 속에서 평화롭게 끝날 가능성도 훨씬 커질 것이다.

언제 대화를 나눌까

부모와 자녀 간의 갈등은 문제를 계속 발생시킨다. NVC는 갈등으로 감정이 격해진 상황에서도 도움이 되지만, 더 중요한 것은 반복해서 일어나는 갈등에 대해 편하게 말할 수 있는 시간을 찾는 것이다. 아직 일어나지 않은 갈등에 대해 미리 이야기할 생각을 하기는 어려울지 모른다. 그러나 한창 갈등할 때의 긴장된 상태에서와는 달리, 서로 연결되어 대화를 할 때 서로의 욕구를 듣는 능력과 모두의 욕구를 만족시킬 방법을 찾아갈 가능성이 훨씬 더 크다.

만약 이번처럼 딸과의 상호작용이 그렇게 끝난 것이 만족스럽지 않고 또 그런 상호작용이 반복되는 것을 경험했다면, 데이브는 다음번 놀이터에 가기 전에 아빠가 걱정하는 것에 대해 앨리사와 서로 이야기할 수 있다. "놀이터에 가서 같이 놀 생각을 하면 신이 나. 그런데 다툴까 봐 걱정도 돼. 왜냐하면 너하고 재미있는 시간을 보내기를 바라기 때문이야. 오늘 놀이터에서 우리가 무엇을 할 수 있는지 말해 볼래?" 그러면 앨리사는 놀이터에 간 다음이 아니라 가기 전에 아빠가 걱정하는 것에 더 귀를 기울이고 자신의 느낌과 욕구를 좀 더 열린 마음으로 표현할 수 있게 된다. 시간이 지남에 따라 아빠와 딸은 그들의 갈등을 예방하고 그에 대처할 수 있는 좀 더 창조적인 방안을 생각해 내게 될 것이다.

자녀와의 사이에 계속 일어나는 갈등이 무엇에 관한 것인지 살펴보고 모두에게 좋은 시간을 찾아서 이야기해 보기 바란다. 그 갈등이 취침 시간이나 이 닦는 것에 대한 것이라면 아침이나 오후가, 만일 아침에 집을 나서는 일이라면 저녁 시간이 좋겠다. 텔레비전을 보거나 비디오 게임을 하는 것이 문제라면 집 밖에서, 또는 간식을 먹으면서 그에 관한 대화를 나누는 것이 좋다. 자녀들이 좋아하는 프로그램을 보고 있거나 "하나만 더 보고."라고 할 때에는 피하는 것이 좋다.

습관적인 반응 바꾸기

1. 여러분의 자녀가 다음 예문과 같은 말을 했다고 상상해 보고 그
   에 대한 여러분의 습관적인 반응을 적어 보자. 그렇게 반응하게
   한 여러분의 느낌과 욕구도 써 보자. 그런 다음, 자녀들로 하여금
   그런 말을 하게 한 느낌과 욕구를 짐작하여 적어 보자.

   자녀가 한 말 "엄마나 아빠는 내 보스가 아니에요. 나한테 이래라
   　　　　　　　 저래라 할 수 없어요."

   습관적 반응:＿＿＿＿＿＿＿＿＿＿＿＿＿＿＿＿＿＿＿＿

   자기 공감 :

   　　나의 느낌 ＿＿＿＿＿＿＿＿＿＿＿＿＿＿＿＿＿＿＿＿

   　　나의 욕구 ＿＿＿＿＿＿＿＿＿＿＿＿＿＿＿＿＿＿＿＿

   자녀를 공감하기(짐작) :

   　　자녀의 느낌 ＿＿＿＿＿＿＿＿＿＿＿＿＿＿＿＿＿＿＿

   　　자녀의 욕구 ＿＿＿＿＿＿＿＿＿＿＿＿＿＿＿＿＿＿＿

자녀가 한 말 "엄마아빠 나빠!"

습관적 반응: _____

자기 공감 :

　나의 느낌 _____

　나의 욕구 _____

자녀를 공감하기(짐작) :

　자녀의 느낌 _____

　자녀의 욕구 _____

2. 여러분의 실제 생활에서 사례를 찾아보자. 자녀들이 한 말 중에
　서 여러분이 듣기 힘들었던 것을 쓰고, 그에 대한 자신의 습관적
　반응, 자기 공감, 여러분이 짐작할 수 있는 자녀들의 느낌과 욕구
　를 적어 보자.

자녀가 한 말 _____

습관적 반응: _____

자기 공감 :

　나의 느낌 _____

　나의 욕구 _____

자녀를 공감하기(짐작) :

　　자녀의 느낌 _____

　　자녀의 욕구 _____

자녀가 한 말 _____

습관적 반응: _____

자기 공감 :

　　나의 느낌 _____

　　나의 욕구 _____

자녀를 공감하기(짐작) :

　　자녀의 느낌 _____

　　자녀의 욕구 _____

대화를 나누기 적절한 때

1. 자녀와 겪고 있는 갈등이 무엇에 관한 것인지 적어 보자.

2. 이 갈등에 대해 이야기할 적절한 시기는?

3. 이 상황에서 여러분 자녀가 어떻게 느끼고 어떤 욕구가 있다고
   생각하는가?

4. 여러분이 자녀에게 어떻게 말할 것인지 생각해 보자. 분명하게 관
   찰한 것, 느낌, 욕구 그리고 부탁을 적어 보자.(* 고려할 점: 여러
   분의 부탁은 아이의 욕구를 염두에 둔 것인가? 만일 그렇지 않다
   면 여러분 자신의 욕구와 자녀의 욕구에 대한 이해를 포함하고
   있는 부탁을 적어도 두 가지 써 보자. NVC로 분노를 다루는 문
   제에 대해서는 『무엇이 당신을 분노하게 만드는가?*What's Making
   You Angry*』라는 책을 참조할 수 있다.)

"싫어!" 속에서 "좋아!" 듣기

"싫어!" 부모들이 두려워하는 이 한마디. 부모 입장에서 아이들에게 합리적이고 이치에 맞는 다음과 같은 부탁들을 했는데 이런 답이 나온다. 햇볕이 쨍쨍한 더운 여름날, 나가기 전에 선크림을 발라라. 밥 먹기 전에 손을 씻어라. 지금 나가야 하니까 신발을 신어라. 거실에 늘어놓은 네 옷과 책을 치워라. 잠자기 전에 이를 닦자. 이제 잠잘 시간이다.

여러분의 자녀들—한 살, 두 살, 세 살, 네 살, 혹은 열네 살—은 자기 생각을 가지고 있다. 성장해 가는 독립심, 자기주장, 무엇을 언제 할 것인가에 대해 결정하고 싶어 하는 아이들의 그런 마음을 우리는 사랑한다. 그러나 여러분은 그 아이들이 합리적이기를 바란다. 그래서 여러분이 원하는 것을 아이가 말썽을 일으키지 않으면서 해 주기를 원한다.

여러분이 원하는 것과 자녀들이 원하는 것 사이의 간극을 메꾸려다 보면 인내심은 고갈되고 욕구를 절충하는 기술은 한계에 이르게 된다. 부모 역할에 대한 많은 책들이 이런 주제를 다루고 있지만, 대부분의 책이 "효과적인 훈련이나 보상과 처벌 또는 대화 등을 통해, 어른들이 원하는 것을 어떻게 어린이들이 하게 할 것인가?"에 초점을 맞추고 있다.

세 살 된 아이가 있는 샐리가 나에게 보내온 상황에 대해 생각해 보자.

그레이스는 카시트에 앉기를 거부할 때가 종종 있어요. 그럴 때 우리는 강제로 앉히는 수밖에 없어요. 딸을 위험에서 보호하기 위해서이지요. 대화를 통해서 그레이스가 스스로 카시트에 앉을 때까지 출발하지 말고 기다려 보라는 사람도 있지만, 다른 사람들처럼 우리도 바빠 쫓기는 생활을 하고 있기 때문에 기다리는 것은 실제적인 대안이 안 돼요. 어떻게 해야 합니까?

NVC 대화

NVC는 샐리의 문제를 빨리 해결하는 데 도움이 될 수도, 그렇지 않을 수도 있다. 그러나 그녀가 딸과 좋은 관계를 유지할 수 있도록 지원한다는 것만은 확실하다. "싫어!"라는 말을 들었을 때 연결을 만들어 낼 수 있는 열쇠는, "싫어!"가 다른 어떤 것에 대한 "좋아!"라는 점을 기억하는 것이다. 그리고 "싫어!"는 대화의 '시작'이지 '끝'이 아니라는 것이다. 만일 샐리가 시간이 들더라도 딸과 연결하는 쪽— 때로는 이쪽이 일을 해결하는 더 빠른 길이다—을 선택한다면, 대화는 다음과 같이 진행될 수 있다.

샐리 그레이스, 할아버지 댁에 갈 시간이다.

그레이스 싫어, 싫어, 싫어!

샐리 지금 하고 있는 게 재미있어서 계속하고 싶니?("싫어!"를 듣는 대신, 샐리는 딸의 즐거운 감정과, 놀이와 선택에 대한 욕구를 짐작함으로써 "싫어!" 뒤에 감추어진 딸의 "좋아!"에 귀를 기울인다.)

그레이스 응! 나는 꽃밭에서 놀고 싶어요.

샐리 너, 정말 꽃밭 가꾸기에 재미를 붙였구나.

그레이스 응!

샐리 네가 재미있게 노는 것을 보니 나도 즐겁구나. 그런데 시간에 맞추어 갈 곳이 있어서 걱정이 되는데.(딸이 원하는 것에

"안 돼!"로 대응하는 대신, 그녀는 자신의 느낌과 계획한 일을 하기 원하는 자신의 욕구를 표현했다.) 할아버지 댁에 약속한 시간에 가려면 지금 떠나야 하거든. 그러니까, 지금 차에 가서 카시트에 앉아 줄래?(샐리는 엄마의 욕구 충족을 돕기 위해서 딸이 무엇을 할 수 있는지, 구체적인 부탁으로 말을 끝낸다.)

그레이스 싫어! 나는 지금 마당에서 놀고 싶어요.

샐리 엄마는 어떻게 해야 할지 모르겠네. 네가 재미있는 일을 하는 것이 좋기도 하고, 약속도 지켜야 하고.(샐리는 양쪽의 욕구를 다 충족시키는 것에 관심이 있음을 나타낸다.) 그러면 마당에서 놀다가 5분 후에 카시트에 앉겠니?(샐리는 양쪽의 욕구를 충족시킬 방법을 부탁으로 제안한다.)

그레이스 좋아요.

어쩌면 일이 그렇게 쉽게 풀리지 않을 수도 있다.

그레이스 싫어! 가기 싫어! 집에 있을래요!

샐리 그렇게 많이 속상하니? 네가 원하는 것을 네가 선택하고 싶어?(샐리는 그레이스의 강렬한 감정과 자율적 선택에 대한 욕구를 이해하고 받아들인다는 것을 보여 줌으로써 딸과 연결을 한다.)

그레이스 응! 지금 마당에서 놀고 싶어요.

샐리 알았다. 그런데 엄마는 지금 우리 모두에게 좋은 것을 하고 싶은데. 우리 모두에게 좋은 방법이 있는지 같이 생각해 볼래?(또다시 샐리는 두 사람 모두의 욕구를 충족시키는 데 관심을 보이면서 그레이스의 선택권과 자율성에 대한 욕구를 만족시킬 새로운 방법을 제시한다.)

그레이스 좋아요.

모든 사람의 욕구를 충족할 방법은 아이들의 반응을 본 부모나 아이, 둘 다에서도 나올 수 있다. 두 살이나 세 살짜리 아이들은 부모들이 놀랄 만한 아이디어를 내놓기도 한다. 그것들은 어른들이 생각하지 못한, 아주 참신하고 효율적인 방법일 때도 있다.

이 단계에서 그레이스가 아직 "싫어!"라고 하더라도, NVC는 샐리에게 자기 자신과 딸에게 연결될 수 있는 방법을 계속 찾아볼 것을 제안한다. 어른들이 자기 욕구만 챙기지 않고 아이가 원하는 것도 존중한다는 신뢰를 계속해서 경험하는 아이들은 다른 사람의 욕구를 배려하고 그것들을 충족할 수 있는 능력이 꾸준히 자랄 것이다. 한편, 자신과 딸을 동시에 배려하는 행동을 함으로써, 샐리는 그런 순간들이 자기 자신을 더 깊이 이해하고 부모 역할에서 자신에게 가장 중요한 것이 무엇인지도 의식하게 되는 기회라는 점을 알게 될 것이다.

방법과 욕구 연결하기

NVC를 사용할 때 우리의 초점은 어떻게 하면 모두의 욕구를 충족시킬 수 있는가에 맞추어진다. 때로는 문제 해결의 기초가 되는 연결이 생길 때까지 결정을 미루기도 한다. 연결되고 나면, 가장 생생한 욕구가 무엇인가에 따라 다양한 해결 방법이 나올 수 있다. 할아버지에게 전화를 해서 약속 시간을 한 시간 늦춤으로써, 샐리는 약속을 지키고 싶은 그녀의 욕구를 실현할 수 있다. 자신의 느낌과 욕구를 좀 더 진지하게 표현하고 딸의 이해를 구하는 선택을 할 수도 있다. 또는 화목과 편안을 추구하고 싶은 욕구 때문에 계획을 변경할 수도 있다. 만일 이런 욕구를 충족시키기 위해 계획을 변경한 것이라면, 이는 딸의 고집에 '진' 것과는 사뭇 다르다.

그레이스의 욕구와 연결하면 또 다른 방법들이 나올 수 있다. 그레이스의 놀고 싶은 강한 욕구는 할아버지 집에 갔을 때 스스로 무엇을 할 수 있는지를 계획함으로써 충족될 수 있다. 자율성에 대한 아이의 강한 욕구는 떠날 준비가 된 때를 결정하도록 해줌으로써 충족될 수 있다. 또한 그레이스에게는 다른 사람의 삶에 기여하고 싶은 욕구도 있다. 만일 샐리가 자신의 느낌과 욕구 그리고 분명한 부탁을 표현하는 방법을 안다면, 그레이스가 엄마에게 기여하고 싶은 욕구와 연결이 되어 차에 타는 것은 '힘겨루기'에서 져서 그러는 것이 아니라 아이가 스스로 선택한 것이 될 수 있다.

무엇이 달라지나?

자녀들이 "싫어!"라고 할 때 우리가 그 말을 곧이곧대로 듣는다면, 우리에겐 양쪽 다 만족스럽지 않은 두 가지 선택이 남기 마련이다. 그 "싫어!"를 그냥 수용하거나, 아니면 그것을 무시하면서 넘어가는 것이다. 그러나 "싫어!" 뒤에 숨겨진 "좋아!"를 이해한다면 무엇이 아이를 그렇게 행동하게 하는지, 그 동기에 대한 깊은 이해가 생긴다. 그 동기란 우리 모두가 공통으로 가지고 있는 욕구이다. 자녀들에 대한 깊은 이해는 우리와 자녀 모두를 깊은 연결로 이끈다. 연결이 생기면 우리는 모든 사람의 욕구를 충족할 방법들을 더 창의적으로 생각하게 되고, 서로 더 친밀해지려고 애쓰며, 비록 우리의 욕구가 당장 이루어지지 않더라도 기다리는 인내심을 가지게 된다. 내 가족과 NVC를 실천하는 다른 가족들을 보면, NVC가 모든 문제를 쉽게 해결해 주는 것은 아니다. 그러나 이런 대화를 통해 연결이 더욱 굳건해지고, 모두의 느낌과 욕구를 서로 들어 주리라는 신뢰가 쌓이게 된다. 나는 이런 질적인 관계를 모든 부모와 자녀가 함께 누리기를 바란다.

　자녀들이 "싫어!"라고 할 때 우리의 반응을 바꾼다는 것은 아이들에게 "안 돼!"라는 말을 더는 쓰지 않거나 그 사용 빈도를 줄임으로써, 자녀들에게 행사하는 힘을 내려놓는 것을 의미한다. 그것은 우리 자신과 아이들의 깊은 욕구를 이해함으로써 우리가 집착하고 있는 방법을 기꺼이 포기할 의사가 있다는 것을 의미한다. 또한 우리가 자녀들과 형성하는 관계의 성격, 무엇을 가르치고 어떤 세상을 함께 만들기 원하는가에 초점을 맞추는 것을 의미한다.

NVC 사용이 우리 자신의 욕구 충족을 포기하는 것을 의미하는 것은 아니다. 우리의 깊은 인간적 욕구는 중요하며, 우리는 그것을 충족할 강력하고 효과적인 도구도 가지고 있다. NVC를 배운다는 것은 우리의 느낌과 욕구를 진지하게 표현하면서도 자녀들에게 대가를 치르게 하지 않으면서 우리의 욕구를 충족할 방법을 찾는다는 것을 뜻한다. 자녀를 비난하거나 아이에게 수치심을 심어주거나 순종을 강요하지 않으면서, 우리는 아이들과 연결함으로써 우리의 욕구를 실현할 수 있다.

아이들에게 강요나 최후통첩을 하지 않으면서 부탁을 할 때에는 위험이 따른다. 아이가 "싫어!"라고 하면 우리는 그것을 그냥 받아들여야 한다고 생각할 수도 있다는 것이다. 물론 부탁해서 손해를 자초하는 꼴인 것은 아니다. 우리가 강요를 할 때에도 아이들은 자주 "싫어!"라고 하지 않는가. 중요한 것은 "싫어!"에서 "좋아!"를 발견하는 것이다. 그러면 "싫어!"를 확정된 대답으로서 그대로 받아들여야 한다는 생각에서 자유로워질 수 있다. 자녀들, 배우자 그리고 우리 자신이 하는 "싫어!"라는 말을, 더 친밀해지고 욕구를 충족시킬 수 있는 방향으로 우리 모두를 움직이게 하는 풍성한 대화의 시작으로 볼 수 있는 것이다.

"싫어!" 다루기

◆ "싫어!"는 대화의 시작이다.

◆ 우리는 다른 사람이 "싫어!"라고 말함으로써 돌보려고 하는 그 사람의 욕구와 연결하며 대화를 계속할 수 있다. 그것을 다음과 같이 다르게 생각할 수 있다. 내 부탁에 "싫어!"라고 할 때 그 사람은 자신의 어떤 욕구에 "좋아!"라고 하고 있는가?

◆ 자신만의, 또는 상대방만의 것이 아닌 모두의 욕구를 충족시킨다는 약속을 통해 모두가 "좋아!"라고 할 수 있는 것에 도달할 수 있다. 자녀들이 이 약속을 믿을 때, 그들은 우리의 욕구를 배려하는 데 더욱 마음을 열 것이다.

1. 아이에게 이미 한 말 중에서 NVC로 바꾸어서 해 보고 싶은 말을 적고, 이 말들을 관찰, 느낌, 욕구, 부탁으로 나누어 써 보자.

   내가 원래 한 말 _____

   내가 본 것/들은 것 _____

   나의 느낌 _____

   나의 욕구 _____

   나의 부탁 _____

2. 당신의 부탁에 자녀가 "싫어!"라고 말한다고 상상해 보자. "싫어!"를 듣거나 생각할 때 여러분의 느낌과 욕구는 무엇인가?(대부분의 사람은 "싫어!"를 들을 때 힘들어 한다. 그때에는 자기 공감이 도움이 된다.)

   나의 느낌 _____

   나의 욕구 _____

3. "싫어!"라고 말하는 자녀를 생각해 보자. 자녀의 느낌과 욕구는 무엇일까? 또는, 자녀는 어떤 욕구에 "좋아!"라고 하고 있는 것인가? 자녀가 돌보려는 욕구는 무엇인가?

자녀의 느낌 _____

자녀의 욕구 _____

4. 앞에서 찾은 것을 글로 적은 후 역할 놀이를 하면서 다음과 같은
   대화 양식에 맞추어 NVC를 사용해 보자. "자녀"라고 쓴 곳에는 부
   모가 한 말에 대해 자녀가 보일 것으로 추측되는 반응을 써 보자.

부모 너는 _____ 느끼니?

     왜냐하면 너의_____

     _____ 에 대한 욕구가 충족되지 않기 때문에?

자녀 _____

부모(공감) 너는 _____ 하게 느끼니?

         왜냐하면 너는 _____ 을 원하기 때문에?

자녀 _____

부모(자기표현) 나는 _____ 하게 느껴.

             왜냐하면 _____ 이 중요하기 때문이야.

             그래서 그러는데 _____ 해 줄 수 있겠니?

자녀 _____

부모(자기표현이나 공감으로 듣기 중 선택) _____

_____

자녀 _____

부모(자기표현이나 공감하기 중 선택) _____

_____

비록 대화가 완성되지 않았더라도 처음 "싫어!"를 들었을 때 당신이
보인 반응에 이어서 대화를 계속함으로써 무엇을 배웠는지 잠시 생
각해 보기 바란다. 처음 여러분이 "싫어!"를 들었을 때의 반응과 비
교하면 지금의 느낌은 어떤가? 자녀와 연결하려고 노력함으로써 어
떤 욕구가 충족되었는가?

보호를 위한 힘의 사용

NVC에서 보호를 위한 힘의 사용은 복합적인 개념이다. 욕구가 충족되지 않았을 때, 힘을 사용하고도 그것을 보호를 위한 수단으로 정당화하고 싶은 유혹이 언제나 있다. 보호를 위한 힘의 사용이 필요할 때가 있다. 걸음마를 시작한 아기를 둔 케이트는 그런 상황에 대해 나에게 다음과 같은 글을 보내왔다.

다니엘에겐 기저귀를 갈아 줄 때 놀이 삼아 나에게 발길질을 하면서 내 배를 차는 습관이 생겼어요. 그런데 내가 임신 7개월이기 때문에 나와 뱃속 아기의 안전이 걱정됩니다. 말로 타이르려고 했지만 듣지 않아요. 그래서 그 애를 위협할 지경에 이르렀습니다. "만일 엄마 배를 다시 차면 너는 벌로 네 방에 들어가 혼자 조용히 있어야 한다." 그러다 NVC의 글을 읽게 되었어요. 정말 어떻게 해야 할지 모르겠네요. 내 아이는 느낌이나 욕구 같은 것을 이해하기엔 너무 어린가요?

분명히 여기에서 문제가 되는 것은 아기와 엄마의 안전이다. 우선, 케이트는 자신과 아기를 보호하는 게 제일 중요하다. NVC에서는 누군가의 안전을 지켜야 하는데 그에 대해 이야기할 시간이나 기술, 또는 상대방이 그럴 의사가 없을 때에는 보호를 위한 힘을 사용할 것을 제안한다. 보호를 위한 힘과 처벌을 위한 힘은 다르다. 우리의 의도는 가르치거나 혼내 주는 것이 아니라 가능한 한 보호하는 것이다. 케이트는 다니엘이 발차기를 하지 않도록 최선을 다해야 한다. 이는 다니엘이 잘못했다는 판단에서 나오는 것이 아니다. 판단하면 연민을 가지고 상대방을 보는 능력이 없어진다. 오로지 케이트 자신을 보호하고 다니엘로 하여금 엄마와 동생에 대해 관심을 가지도록 도와주기 위해 힘을 사용하는 것이다. 모두가 안전해지면 가능한 한 빨리 연결(그리고 학습)이 이루어질 수 있도록 대화로 돌아가야 한다.

다음 장에서 케이트가 질문한 언어의 이해에 관해 다루기로 하겠다.

힘 사용에 대한 고려

여러분이 원하는 것을 이루기 위해 자녀에게 물리적인 힘을 사용했던 상황을 생각해 보라.(물리적 힘은 엉덩이 때리기뿐 아니라 아이의 의사에 반해 아이를 들어서 카시트에 앉히는 것 등도 포함한다.)

1. 어떤 상황이었는가? _____

   _____

2. 무슨 이유로 힘을 사용했는가? _____

   _____

3. 힘을 사용하면서 충족하고자 한 욕구는 무엇인가? 그 욕구를 의식할 때 어떻게 느끼는가? _____

   _____

4. 힘을 사용하면서 충족되지 않은 욕구는 무엇인가? 그 욕구를 의 식할 때 어떻게 느끼는가? _____

_____

5. 앞의 두 가지 욕구들을 고려할 때, 두 욕구 모두를 충족할 수 있 는 다른 방법을 생각할 수 있는가? _____

_____

NVC와 언어

NVC는 주로 말을 사용하는 대화에 의존하는 것처럼 보이기 때문에, 아주 어린아이와는 불가능까지는 아니더라도 매우 어려워 보인다. 실제로는 NVC에서 말의 역할은 주변적이다. NVC의 핵심 부분은 우리와 다른 사람들을 연결할 수 있는 원칙과 접근 방법이다. 즉, 연결을 우선하는 것, 모두의 욕구를 존중하는 것, 우리가 좋아하지 않는 행동 뒤에 숨어 있는 욕구를 찾아보는 것, 힘을 쓰는 방법보다는 힘을 나누는 방법 등이다.

내 경험을 말하자면, 걸음마를 시작한 아이와 NVC를 하는 것은 종종 내가 마음속으로 혼자 하는 것과 같다. 아이와 대화를 한다기보다는, 나와 아이 사이에서 일어난 일을 나 자신에게 말하는 것과 같다. 그러나 때로는 우리 사이에 일어난 일에 대해, 비록 아이가 언어에 대한 이해가 없더라도, 내가 이해한 바를 말로 표현하기를 원한다. 나와 아이의 느낌과 욕구를 연결하는 데 도움이 되기 때문이다. 나 또한 마음을 가라앉히고 우리 둘 다에게 적당한 방법을 찾아내는 데에도 도움이 된다. 나는 또한 소리 내어 아이에게 말한다. 왜냐하면 아이가 부모가 하는 말을 들으며 언어와 감정에 대해 배우기 때문이다. 만일 부모가 자신의 느낌과 욕구를 더 풍성한 말로 표현하지 않는다면, 아이는 우리 사회에서 나타나는 한정된 느낌말만 알게 될 것이다. 내가 희망하는 바는 우리 자녀들의 감성이 더욱 풍부해지는 것이다.

다른 모든 사람들과의 문제도 마찬가지이지만, 어린 자녀들과의 문제를 풀어 갈 때 나는 부모들이 자녀들과의 질적 연결에 우선 초점을 맞출 것을 제안한다. 부모 자신의 느낌과 욕구에 우선 주목하는 것이 그러한 연결을 향한 제일 중요한 발걸음이다.

이제 케이트의 상황으로 돌아가 보자. 케이트는 먼저 다음과 같이 자신을 돌아보아야 할 것이다. 내가 놀란 것은 뱃속 아기가 안전하기를 원하기 때문인가? 내가 속상한 것은 자신과 아기를 보호하기 위해 다니엘의 협조가 필요하기 때문인가? 다니엘이 엄마에게 마음을 써 주기를 바라기 때문에 슬픈가? 어떻게 하면 다니엘과 연결을 할 수 있을지 혼란스러운가?

다니엘이 알아듣지 못하리라고 생각하더라도, 이렇게 느낌과 욕구를 표현하는 것이 효율적인 방법일 것이다. 다니엘이 듣고 싶어 하는 것보다 케이트가 더 많은 말을 하고 있을지도 모른다는 우려가 있을 때에는 말로 표현을 하지 않을 수도 있다. 그런 경우, 케이트가 기억해야 할 점은 말을 주고받는 것은 단지 하나의 방법에 불과하다는 것을 알고 어떻게 하면 적은 말로, 때로는 말을 사용하지 않고도 아들과 연결을 할 수 있는가에 계속 초점을 맞추는 것이다.

다니엘과 충분히 연결하기 위해 케이트는 다니엘 마음속에서 무엇이 일어나고 있는가를 이해하는 데 힘쓸 것이다. 왜 다니엘은 엄마의 배를 발로 차는 것일까? 케이트는 다니엘이 놀이 삼아 그런다고 말했다. 그러니 다니엘은 발로 차는 것이 신나서 그렇게 놀고 싶은 것일 수도 있다. 또, 기저귀를 가는 동안 다니엘이 불편해서 좀더 자유롭게 움직이고 싶어 한다고 짐작할 수도 있다. 다니엘은 자신이 선택을 하는 대로 힘을 쓰고 싶기 때문에 누워 있는 것 자체가 속상한지도 모른다. 또는 단지 엄마와 연결하고 엄마의 관심을 끌고 싶은 것인지도 모른다.

케이티는 자기가 추측한 다니엘의 여러 욕구들을 살펴보고 그것을 충족하기 위해 다른 방법들을 생각해 볼 수 있을 것이다. 내가 아는 한 다니엘의 욕구를 충족시키는 것이 아들과의 연결도 유지하면서 그녀와 뱃속의 아기를 보호하는 가장 확실한 방법이다. 기저귀를 갈기 전 몇 분 정도 놀아 주는 것이 놀이에 대한 다니엘의 욕구를 충족시켜 줄 수 있을까? '기저귀 갈기 게임'을 하는 것도 한 가지 방법이다. 기저귀를 가는 동안 얼굴 표정을 재미있게 짓고, 농담과 노래를 하고, 발가락에 입맞춤을 하기 위해 발을 잡을 수도 있다. 이런 게임을 통해 다니엘은 엄마와 연결되어 있으며 함께하고 있다고 신뢰할 것이다. 일어선 상태에서 기저귀를 갈거나 기저귀 가는 장소를 아들이 선택하게 하는 것이 선택권과 힘을 가지고 싶은 그의 욕구를 충족시켜 주지 않을까?(한 엄마는 아이가 언제 기저귀를 갈고 싶은지 스스로 엄마에게 말해 달라고 한 후 기저귀 갈기를 둘러싼 몇 달간의 갈등이 끝났다고 말했다.)

어린아이들이 부모가 이해하지 못하는 행동을 할 때, 부모는 아이에게 큰 선물을 줄 수 있다. 즉, 부모가 아이들의 마음이 말하는 것을 이해하여 자신의 마음으로부터 진정한 반응을 보이는 데 최선을 다하는 것이다. 마음과 마음으로 부모와 자식이 연결되어 있다면, 기저귀 가는 것은 더는 기분을 나쁘게 하는 귀찮은 일이 아니게 된다. 그것은 오히려 기회가 된다. 삶의 매 순간 자신과 다른 사람 사이에서 신뢰와 기쁨이 자라는 기회가.

언어를 넘어서

다음 시나리오에서 아이의 느낌과 욕구를 짐작해 보자. 그리고 부모의 느낌과 욕구도 포함해 모두의 욕구를 충족시킬 수 있는 방법을 두 가지 이상 적어 보자.(같은 시나리오에서 NVC 형식에 따라 말하면서 찾아볼 수도 있다.) 하지만 이런 방법들이 모든 문제를 해결해 주는 것은 아니다. 지금 마주하고 있는 문제를 인식하되, 관련된 사람들이 현재나 미래에 가질 질적 연결에 초점을 맞추기 바란다.

1. 아기용 높은 식탁 의자에 앉아, 한 살 난 아이가 음식을 바닥에 던진다. 아빠가 그만두라고 말했을 때, 아이는 웃으면서 더 많은 음식을 던진다.

   아이의 느낌 _____

   아이의 욕구 _____

   아빠의 느낌과 욕구 _____

   연결을 위한 가능한 방법 _____

2. 세 살 난 아이가 이를 닦지 않겠다고 말한다. 엄마가 이를 닦는 것이 중요하다며 이를 닦기 전에는 책을 읽어 주지 않겠다고 하자, 아이는 귀를 손으로 막고 "안 들려!"라고 한다.

아이의 느낌 _____

아이의 욕구 _____

엄마의 느낌과 욕구 _____

연결을 위한 가능한 방법 _____

3. 저녁 7시가 되었는데 열 살 난 딸이 숙제를 하지 않았다. 엄마가 숙제를 상기시키자, 딸은 거실로 가서 텔레비전을 튼다.

딸의 느낌 _____

딸의 욕구 _____

엄마의 느낌과 욕구 _____

연결을 위한 가능한 방법 _____

4. 열여섯 살 된 아들이 약속한 귀가 시간에서 한 시간이 지나서야 집에 왔다. 아버지가 "약속한 시간에 집에 오지 않으면 나는 너의 안전이 걱정돼. 내가 걱정하는 것을 너도 중요하게 생각해 주기를 바라기 때문에 화도 나. 어디에 있었니?"라고 물었더니, 아

들은 "친구랑 같이 있었어요."라고 말하면서 방에 들어가더니 문을 닫는다.

아들의 느낌 _____

아들의 욕구 _____

아버지의 느낌과 욕구 _____

연결을 위한 가능한 방법 _____

어린이들 사이 중재하기

어린아이들은 누구나 다른 아이가 가지고 노는 것들을 보면 눈에 띄는 대로 손에 쥐는 것이 삶의 목적인 것 같은 시기를 지난다. 아이들이 같이 즐겁게 아니면 따로따로 장난감을 갖고 놀다가도 결국은 서로 가지겠다고 잡아당기며 우는 것으로 끝날 때가 적지 않다. 그러면 어른들도 아이들과 마찬가지로 신경이 곤두서고 짜증이 난다.

어떻게 개입할까 판단하기 전에, 이 상황에서 우리의 강렬한 반응은 무엇인지 이해하도록 하자. 자기 아이가 장난감을 손에 잡아채든 빼앗기든 간에 많은 사람들은 즉시 속에서 올라오는 분노와,

지금 본 '잘못된 것'을 '바로잡겠다'는 반응에 무척 익숙하다. 이때 느끼는 분노는 이해가 간다. 우리는 아이들을 감정적 또는 육체적 고통으로부터 보호하고 싶기 때문이다. 아이들이 사회에서 용납되는 식으로 행동하지 않으면 앞으로 고통을 받으리라는 우려가 앞선다. 우리는 친절, 나눔, 협동, 공정에 높은 가치를 두고 이런 것들을 아이에게 가르치기를 원한다. 아이들이 다른 사람과 평화롭게 사는 능력을 기르는 데 기여할 수 있기를 바란다.

그러나 '잡아채기'가 일어나면 사람들은 이런 훌륭한 가치관과 소망에 대해 생각할 여유를 가지지 못하고 그것들을 잊어버리기 쉽다. 때로는 상황 처리를 아이들에게 맡기지 않고 개입해서, 그 물건이 누구 것인지 확인한 뒤 주인에게 돌려주게 한다. 아니면, 아이들에게 '나눔'과 '순서대로 놀기'라는 일반적인 규칙을 상기시키거나 따르게 만든다. 또는 "시간이 다 되었으니 그만하자."라는 벌을 주기도 한다. 이런 식의 개입은 순간적인 도움은 될지 몰라도 결국에는 우리 자신과 아이들의 더 깊은 욕구를 충족할 수 있는 우리의 능력을 방해하는 장애물이 된다고 나는 믿는다. 그러면 아이들 사이의 갈등을 어떻게 모두의 욕구를 평화롭게 충족시키면서 친절, 협동 그리고 연민의 내면화를 배우는 기회로 만들 수 있을까?

두 어린아이와 NVC

생후 18개월 된 자니와 그의 아빠가 우리 집을 방문했다. 돌아갈 시간이 되었을 때 자니는 세 살 난 우리 아들 노아의 작은 장난감 자동차를 가지고 가려고 했다. 노아가 다른 아이들이 장난감을 빌려가는 데 동의할 때도 있었지만, 그 장난감 자동차는 노아에겐 하나밖에 없는 것이었다. 내가 노아에게 장난감을 빌려줄 생각이 있느냐고 물었을 때, 그는 온몸으로 '잡아챌' 태세를 취했다. 근육은 긴장되었고, 눈은 자니의 손에 초점이 맞추어져 있었다. 금방이라도 자니에게 달려들어 장난감을 되찾을 자세였다. 그래서 나는 노아에게, 자니와 이야기할 동안 잠깐 기다리라고 했다. NVC를 통해 갈등을 해결하는 데 익숙한 노아는 긴장을 풀었다. 만일 긴장을 풀지 않았다면, 나는 노아와 계속 대화를 했을 것이다.

나는 자니의 느낌과 욕구를 짐작하면서, "이 미니카가 좋으니? 가지고 놀고 싶니?"라고 물었다. 자니는 나를 주시하더니 자동차를 꼭 잡았다. 나는 "너도 알다시피, 이건 노아에게 하나밖에 없는 미니카야. 그래서 집에 두고 싶어 해. 노아에게 돌려줄래?"라고 말했다. 자니는 몸짓으로 분명하게 "싫어요."라는 표현을 했다. 노아는 다시 긴장했고, 자니의 아버지는 "괜찮아요, 그냥 아이 손에서 장난감을 빼내면 돼요."라고 말했다. 나는 이야기할 수 있는 기회를 얻기 위해 기다려 달라고 했다. 나는 자니에게 초점을 두면서 "너, 바퀴 달린 것이 좋아?"라고 물었다. 나는 장난감을 선택하고 싶어 하는 자니의 욕구를 충족시킬 만한 것이 있나 둘러보다가 하나를 발견했다. 그래서 "이 바퀴 달린 레고 기차는 어때?"라고 물었다.(그동안의 경험을 통해, 자니가 레고 기차를 가지고 가는 것에 노아가 반대하지 않으리라는 확신이 있었다.) 자니는 바퀴 달린 레고를 행복한 표정으로 쳐다보았다. 자니는 미니카를 계속 붙잡고 있으면서 바퀴 달린 레고를 받고 좋아했다. 이제 자니는 노아의 장난감 두 개를 손에 들고 있었다.

그 순간에는 나의 시도가 '성공'하리라는 징조가 하나도 보이지 않았다. 그런데 무엇 때문에 중재를 계속하는가? 어린이를 포함한 모든 사람들은 다른 사람의 안녕에 기여하고 싶은 내적인 바람을 가지고 있다는 것을 믿기 때문이다. 아주 어린 아이들은 자기 욕구에만 매달릴 것 같지만, 아이들이 가진 욕구 중 하나는 다른 사람에게 기여하는 것이다. 나는 어린아이들의 기여하고 싶은 욕구에 대해 어른들이 신뢰감을 보이고, 명확히 설명하고, 강제성을 띠지 않으면서 그런 욕구에 의해 행동할 것을 장려하면 아이들의 관대함이 열릴 것이라고 믿는다. 이때 결정적으로 중요한 것은 강요를 하지 않는 것이다. 왜냐하면 강요를 당했을 때에는 관대한 행동이 나올 수 없기 때문이다.

본보기 되기

마찬가지로 중요한 것은 모든 사람들의 욕구가 중요하며 충족될 수 있다는 것을 아이들에게 본보기로 보여 주는 것이다. NVC를 사용하면서 나는 아이들의 욕구가 나에게 중요하다는 것을 적극적으로 보여 준다. 중요한 것은 자녀들에게 가르치고 싶은 행동의 본보기가 되는 것이다. 그들이 잡아채는 것을 원하지 않으면 우리도 잡아채지 않는 것이다. 나는 여러 아이들과 같이 있을 때 거의 항상 "잡아채면 안 돼."라고 하면서 저항하는 아이 손에 들려 있는 장난감을 빼앗아 다른 아이에게 주는 어른들을 본다. 이런 행동은 어른들 눈에는 정의, 배려 그리고 어린이를 지원하고자 하는 욕구를 충족시켜 주기 때문에 매우 논리적인 것으로 보인다. 하지만 이런 행동은 다른 아이의 장난감을 잡아채면서 놀이, 자율성, 호기심 같은 욕구를 만족시키고자 하는 아이들의 행동과 근본적으로 다를 바가 별로 없다.

내가 레고 기차를 준 후에도 자니가 미니카를 돌려주지 않자, 자니의 아빠와 노아는 다시 긴장했다. 그러나 자니는 우리 대화에 집중하는 것 같았다. 자니의 아버지는 미니카를 빼앗아 되돌려 주자는 제안을 반복했다. 나는 자니와 눈을 맞춘 채 자니의 아빠에게 말했다. "저는 자니와 계속해서 말하고 싶어요. 자니에게 억지로 포기하라고 말하고 싶지 않아요. 자니가 기꺼이 그 차를 되돌려 줄 마음이 있는지 알기 위해 계속 이야기를 하고 싶어요." 그러자 자니의 아버지와 내가 지켜보고 있는 가운데 노아가 자니에게 다가가 다음과 같이 말했다. "자니, 내 레고 기차를 가져. 집에 가지고 가. 그리고 그 미니카는 나 줘."

자니가 즉시 장난감을 돌려주지 않자, 노아는 손을 뻗어 가지려고 했다. 그러나 나는 가까이 다가가, 이 일이 잘되도록 내가 이야기하기를 원한다는 것을 두 아이에게 다시 한 번 표현했다. 바로 그때 자니가 노아 쪽으로 몸을 돌리더니, 긴장이 풀린 모습으로 장난감 자동차를 돌려주었다. 자니는 자신이 원하지 않는 일을 하도록 물리적으로 강요받지 않으리라는 사실을 신뢰할 필요가 있었던 것 같다. 그 자신의 의지로 다른 사람이 원하는 것을 고려하는 행동을 하고 싶었던 것이다. 이런 아들의 행동에 아버지는 몹시 놀란 듯 보였다. 하지만 나는 놀라지 않았다.

NVC를 사용하면, 갈등에 개입된 한 명, 때로는 양쪽 모두에게 거의 언제나 내적 변화가 일어난다. 자신의 욕구를 다른 사람이 중요하게 여긴다는 것을 신뢰하게 되면, 그 욕구를 충족하기 위해 그 순간 선택했던 특정한 방법을 내려놓을 수도 있게 된다. 이것이 아이들로 하여금 서로를 기꺼이 배려할 수 있게 만든다.

모두의 욕구 돌보기

만일 NVC를 사용하고 싶다면, 우리는 먼저 모든 사람의 욕구를 알아내고 인정하는 데 마음을 써야 한다. 미니카를 원했던 두 아이에게는 스스로 선택할 수 있는 자율성에 대한 욕구가 있었다. 사람들은 모두 그런 욕구를 가지고 있다. 그래서 무엇인가를 꼭 '해야 한다'고 누군가가 말하면 강한 거부감으로 반응한다. 장난감 자동차를 빼앗겠다는 말을 들으면, 자니는 더 꽉 움켜쥔다. 자율성에 대한 그의 욕구를 충족시키려면, 그가 차를 돌려줄 선택을 하게 해 줄 방법을 찾아야 한다. 한편, 노아도 자기 장난감에 생기는 일에 대해 자기 선택권이 없다고 생각하면 다른 아이가 자기 장난감을 가지고 노는 데 동의하기가 힘들 것이다.

나는 두 아이의 마음에 자율성과 배려, 둘 다를 길러 주고 싶었다. 내가 자니가 움켜쥔 장난감을 강제로 빼앗았다면, 나는 두 아이에게 완력을 사용해도 괜찮다는 메시지를 보낸 셈이다. 내가 두 아이에게 힘을 사용하지 않겠다고 누차 한 말과 반대되는 메시지다. 그래서 나는 자제하면서 내가 믿는 대로 행동했다. 즉, 힘을 사용하지 않고 문제를 해결할 수 있으며, 적어도 한 아이는 다른 아이에 대한 배려심을 가지고 행동하는 선택을 할 터이고 그 과정에서 이번 갈등만 평화적으로 해결하는 것이 아니라 두 아이 모두의 마음속에 돌봄, 이해, 평화의 가능성에 대한 신뢰를 자라게 할 수 있다는 믿음이 있었던 것이다.

나에게는 어린이들 그리고 모든 인간에게 바라는 소망이 있다. 그것은 우리와 어린이들 마음속에 평화가 가능하다는 믿음과 그 평화를 가져올 수 있는 능력을 기르는 것이다. 이에 기여할 수 있는 길은 어린이들이 배우기를 바라는 본보기를 우리가 보이면서 중재를 하는 것이다.

어린이들 사이 중재하기

여러분의 자녀들 사이에 일어난 갈등 중에서 만족스럽지 못하게 중재한 상황을 생각해 보라.(만일 자녀가 하나라면 그 아이와 친구들 사이의 갈등 상황도 좋다.)

1. 그 상황을 간단히 관찰로 표현해 보자.

2. 그 상황과 관련해 여러분은 어떻게 느끼는가?

3. 그 상황과 관련해 여러분의 욕구는 무엇인가?

4. 그 상황과 관련해 여러분 또는 자녀들에게 어떤 부탁을 할 수 있는가?

5. 한 자녀를 생각해 그의 느낌과 욕구를 적어 보자. 공감을 통해 추측한 것을 써 보자.

6. 다른 자녀에 대해 생각해 보고, 그 아이의 느낌과 욕구에 대해
   여러분이 이해한 바를 써 보고, 공감을 통해 추측한 점을 적어
   보자.

7. 여러분의 느낌, 욕구, 부탁, 그리고 각 어린이들의 표현에 대해 공
   감으로 반응한 것을 글로 써 보거나 아이들에게 실제로 표현해
   보자. 자녀들이 말한 것을 여러분이 들은 대로 단순히 옮기기보
   다는, 자녀들이 어떻게 느끼고 무슨 욕구를 가졌는지, 여러분이
   추측한 바를 표현해 보자.

칭찬하기

어떤 방법으로든 다른 사람에게 도움을 주고, 지원하고, 기여하는 것은 삶에서 가장 행복한 경험 중 하나이며, 또한 그런 기여를 받아들이는 것은 매우 영광스러운 일이라고 나는 믿는다.

그래서 나는 모든 워크숍에서 최소한 얼마간 시간을 내어서라도 NVC로 감사를 표현하는 방법을 소개하고 끝낸다. 나는 우리가 칭찬과 보상에 의존하는 비중을 낮추는 것이 중요하다고 믿기 때문에 이 주제를 꼭 다룬다.

학교에 다니는 두 아들의 아버지인 마크가 나에게 한 다음과 같은 질문을 생각해 보자.

　나는 사람들에 대해 칭찬하거나 비판하는 것이 좋다고 믿지는 않지만, 우리 아이들의 성장 과정에서 칭찬을 통해 그들을 격려해 왔습니다.
　예를 들자면, "난 네가 아주 참을성 있게, 또 관대한 마음으로 행동한 것을 보았다."라거나 "네가 협조적이고 진지한 태도로 바이올린 연습한 것에 감사한다. 정말 잘했다."라고 말합니다. 이런 칭찬을 어떻게 생각하십니까?

　나는 비록 칭찬이 그 사람 자체보다는 행동에 초점을 두었다 할지라도, 칭찬에 대해 우려하는 바가 있다. 그래서 나는 비판과 똑같이 칭찬도 피한다. 사실, 나는 칭찬과 비판은 놀라울 만큼 비슷하다고 본다. 내가 다른 사람의 행동을 칭찬하거나 비판하는 것은 모두 내가 그들의 평가자라는 것을 암시한다. 즉, 그들이 지금 하고 있는 일이나 전에 한 일에 대해 내가 등급을 매기고 있는 셈이다.
　여기 간단한 사례가 있다. 어느 날 오후, 우리 가족과 친구 가족은 밖에서 프리스비를 던지며 놀고 있었다. 세 살인 우리 아들이 프리스비를 던졌는데 정원을 가로질러 날아갔다. 내 친구는 놀라서 "너, 대단한 프리스비 선수구나!" 하며 탄성을 질렀다. 아들은 프리스비를 주워 다시 던졌다. 하지만 이번에는 바로 몇 발자국 앞에 떨어졌다. 아들은 "잘 못했네."라고 말했다. 내게는 아들이, 프리스비를 잘 던지는 사람과 못 던지는 사람이 따로 있다는 메시지를 받은 것처럼 보였다.

판단에서 관찰로 가기

"잘했다."라는 우리의 칭찬은 그것이 언제든 "잘 못했어."로 바뀔 수도 있다는 사실을 암시한다. 그런데 우리는 왜 평가자의 위치에 서는가? 평가하지 않고도, 우리는 아이들이 하는 일이나 만들어 놓은 것에 대해 적극적으로 관심을 나타낼 수 있다. '잘했다', '잘 못했다' 같은 표현 대신, 관찰을 하고 아이들의 행동이 우리 욕구에 부합하는지 아닌지를 볼 수 있는 것이다. 예컨대, "이야, 프리스비 참 잘 던진다!"는 다음과 같이 간단한 관찰로 바꿀 수 있다. "프리스비가 마당 저 끝까지 날아갔네." 또, 간단한 말로 느낌과 욕구도 표현할 수 있다. "와, 공중에 그렇게 날아가는 걸 보니 재미있다." 프리스비가 발 앞에 그냥 떨어졌을 때에는 잘못 던진 것이 아니다. 이렇게 말할 수 있을 법하다. "이번에는 네 가까이 떨어졌네." 멀리 던지는 것이 아이한테 중요한 것 같아 보이면 추측을 해서 공감할 수 있다. "더 멀리 던지고 싶었는데 실망했어?" 또는 "네가 원하는 만큼 멀리멀리 가게 연습하는 게 재미있니?"

　칭찬에 대해서는 좀 더 심각한 걱정거리가 있다. 칭찬과 보상은 사람들이 외적인 보상을 위해 행동하게 하는 구조를 만들어 낸다. 어린이들(어른들)은 칭찬이나 보상을 바라고 행동하게 된다. 나는 아이들이 내면의 동기에서 우러나와 스스로 행동하는 것을 돕고 싶다. 그럴 때 아이들은 충족하려는 자신들의 욕구와 연결되어 있는 일 자체에서 즐거움을 느끼게 된다. 나는 어느 누구도 칭찬이나 인정을 받기 위해 프리스비 놀이, 집 안 청소, 숙제를 하는 것을, 또는 어려움에 처해 있는 다른 사람을 돕는 것을 원하지 않는다. 나는 이런 일들을 놀이하듯 즐겁게, 자신과 다른 사람의 삶에 기여하고 싶은 마음에서 하기를 원한다. 만일 그런 행동에 대한 보상이 외부에서 온다면, 우리는 즐거움을 깊이 있게 느끼는 감각을 잃게 된다.(이 주제에 관해 더 알고 싶은 독자에게는 알피 콘의 『보상으로 처벌받기*Punished by Rewards*』를 추천한다.)

NVC는 사람들이 한 행동을 우리가 즐거워할 때 칭찬하거나 보상하지 않고도 그들과 연결할 수 있는 강력한 방법을 제시한다. 즉, 그들의 행동, 그에 대한 우리의 느낌, 그리고 우리의 어떤 욕구가 충족되었는지를 표현하는 것이다. 앞서 인용한 마크의 사례를 살펴보자. 그는 아이에게 "나는 네가 아주 참을성 있게…… 행동한 것을 보았다."라고 말했다. NVC를 적용하고 싶었다면, 마크는 자신의 해석이 담긴 "아주 참을성 있게"라는 표현 대신에 더 명확한 관찰 표현을 찾아보았을 것이다. 즉, 예컨대 "아빠가 전화를 하고 있는 동안, 말 걸지 않고 혼자 잘 기다렸네. 내가 전화를 잘할 수 있게 해 주어 정말 고맙다."라고 말했을 것이다.(물론 억양, 눈 맞추기 같은 몸짓 언어가 따뜻한 감정을 말보다 더 잘 전달할 때도 있다.)

마크가 한 칭찬의 또 다른 예를 살펴보자.

아들에게 "매우 협조적이고 진지한 태도로 바이올린 연습한 것에 감사한다. 정말 잘했다."라고 말하는 대신, 나는 다시 한 번 관찰에 초점을 맞출 것을 제안한다. 마크가 협조적이고 진지한 태도라고 해석한 아들의 말이나 행동은 구체적으로 어떤 것들인가? 그리고 표현에 느낌과 욕구를 포함할 것도 제안한다. 예컨대, "오늘 아빠가 하라고 하지도 않았는데 네가 20분 동안 바이올린 연습을 했을 때 아빠는 정말 기뻤다. 우리 사이에 협력과 평화가 있다는 걸 알 수 있어서 말이야. 너랑 음악을 나누게 되어서 아빠는 정말 즐겁다."라고 하면 관찰, 느낌, 욕구가 포함되는 셈이다.

NVC를 사용하는 데에서 정확한 언어는 그다지 중요하지 않다. 중요한 것은 감사나 칭찬이 동기 부여나 평가를 위한 것이 아니라 상호 연결과 축하를 위한 것이라는 사실이다. 혹시 무의식적으로 "잘했다."라는 말이 간혹 나오더라도 걱정할 필요는 없다. 하지만 평가자나 동기 유발자 역할에서 벗어날 수 있도록 계속 노력하자. 우리가 보는 것을 반영하면서, 그것이 우리에게 어떤 영향을 주는지 '나'를 주어로 해서 말하는 데 더 마음을 쓰자. 그럴 때 아이들은 자기가 인정을 받고 있으며 자기 행동이 다른 사람의 삶에 기여했다는 사실을 알게 되는 즐거움을 선물로 받게 된다.

감사와 공감

◆ '좋다' 또는 '옳다'라고 평가하는 것은 '나쁘다' 또는 '잘못이다'라고 평가하는 것과 본질적으로 다르지 않다. 그것들은 같은 생각 틀 안에 있으며, 우리의 '좋다'라는 평가는 쉽게 '나쁘다'로 바뀔 수 있다. 우리의 긍정적 평가를 NVC로 바꾸는 것은 이런 생각 틀과 판단자 역할에서 우리를 자유롭게 한다.

◆ 우리가 즐겁고 감사하다고 생각할 때, 우리의 어떤 욕구가 충족 되었다고 표현하는 것이 아이들과 우리 모두에게 깊은 만족감을 가져다준다.

◆ 칭찬 대신 우리의 관찰, 느낌, 욕구를 표현하는 것이 아이들의 내 적 동기와 기여하고 싶은 욕구를 충족시키는 데 보탬이 된다.

1. 자녀가 한 어떤 행동에 감사를 느꼈는지, 여러분이 칭찬했거나 칭찬할 만했던 자녀들의 행동에 대해 생각해 보자. NVC로 여러

분의 감사나 '칭찬'에 대해 표현해 보자.

자녀가 무슨 일을 했는가? _____

자녀가 한 일과 관련해 내가 어떻게 느꼈는가? _____
_____

그 행동으로 나의 어떤 욕구가 충족되었는가? _____
_____

2. 같은 과정을 적용해, 부모로서 여러분이 자신에게 감사한 것을
   찾아보자.

내가 무슨 일을 했으며 또 하고 있는가? _____
_____

내가 했거나 하고 있는 일에 대해 어떻게 느끼는가? _____
_____

이런 행동으로 나의 어떤 욕구가 충족되었는가? _____
_____

NVC로 시작하기

NVC를 처음 배우기 시작한 부모들 중에 가정생활에 대한 희망이 솟아나는 경험을 하는 사람이 많다. 그러나 새로운 방법들을 적용하려고 노력하는 과정에서 때로는 실망을 하기도 한다. 삶의 모든 면이 그렇겠지만, 변화에는 시간이 걸린다. 느낌, 욕구, 그리고 강요 대신 부탁에 초점을 맞추는 일이 처음에는 조금 힘겹게 느껴질 수도 있다. 그러나 새로운 언어를 배울 때와 마찬가지로, NVC도 배워서 일상생활에 적용할 수 있다. 자녀가 영아일 때 NVC를 시작하면 유리한 점이 아주 많다. 아이들이 일찍부터 자기 공감을 배워 연습

하고 욕구를 의식하면서 신뢰와 연결을 쌓을 수 있는 시간적 여유를 가질 수 있기 때문이다. 그러나 NVC는 어떤 나이에 시작해도 좋으며 가정의 역동성에 변화를 가져온다.

때로는 NVC를 시작하자마자 변화가 일어나기도 한다. 두 명의 십 대 자녀를 홀로 키우고 있는 수지의 예를 들어 보자. 부모들을 위한 워크숍에서 점심시간 바로 전이었다. 수지는 점심을 먹으러 집으로 갔을 때 자기를 기다리고 있을 상황과, 점심 후 다시 워크숍에 오는 길에 열다섯 살 난 아들을 차로 어느 곳에 데려다 주어야 하는 것에 대해 이야기를 했다. 그 전날 밤, 수지는 아들에게 오늘 점심시간 전에 몇 가지 일을 해 놓으라고 부탁했다. 그러나 집에 가면 아들은 아직 자고 있을 게 뻔하다고 말했다. 수지는 점심시간 동안에 집에서 벌어질 일에 대해 두려움을 느끼고 있었다. 자기는 아들을 야단치면서 강요할 것이고, 서로 언성을 높일 것이고, 아들은 시키는 대로 하지 않을 것이라고 말했다. 수지는 이 상황을 다루는 데 NVC가 어떻게 도움이 될 수 있는지 알고 싶어 했다.

부모들이 도움을 요청했을 때, 구체적인 충고나 방법을 이야기해 주고 싶은 유혹을 느낀다. 그러나 NVC에서는 공감이 충고보다 더욱 필요하다는 것을 믿기 때문에, 옆에 온전히 있어 주면서 연결하는 선물을 준다. 그래서 나는 수지에게 공감을 해 주었고, 수지는 공감을 통해 그 상황에서 자신의 느낌과 욕구에 더 깊이 연결할 기회를 얻게 되었다. 우리가 함께 찾은 것은, 편안하고 싶은 욕구가 채

워지지 않는 데서 오는 지치고 피로한 느낌부터 모자 관계에서 더 많은 신뢰와 연결을 원하는 데서 오는 실망과 절망에 이르기까지 다양했다. 수지는 두 아이들과의 관계가 얼마나 실망스러운지를 말하며 울었다. 점심시간이 되기 전, 우리는 수지에게 NVC 단계를 이용해 자신을 잘 표현할 것과, 아들이 그녀의 부탁에 "싫어요!"라고 해도 아들의 느낌과 욕구에 공감할 것을 상기시켰다.

점심시간이 끝나자 우리는 모두 그녀의 집에서 무슨 일이 일어났는지 알고 싶었다. "믿어지지 않아요."라고 말문을 열면서 수지는 다음과 같은 이야기를 했다.

그녀가 집에 도착했을 때, 예상대로 아들은 자고 있었다. 아들을 깨우고, 수지는 자기의 관찰, 느낌, 욕구를 아들에게 표현한 뒤 일을 하라는 부탁을 했다. 아들은 동의하고 첫 번째 일을 했다. 잠시 후 아들이 의자에 앉아 무엇인가 읽고 있는 것을 보자, 그녀는 다시 NVC의 4단계를 사용해 자신을 표현했다. 이 4단계의 마지막은 두 번째 일을 하라는 부탁이었다. 아들은 다시 동의했다. 그러고는 그녀에게 몸을 돌리고 "어머니, 왜 저한테 이런 식으로 말씀하세요?"라고 물었다. 수지는 "으응, 내가 참석하는 소통을 위한 워크숍에서 배웠어."라고 대답했다. 그러자 아들은 "어머니, 그 워크숍 계속하세요. 효과가 있어요."라고 말했다.

수지의 사례에서 보듯이, 자녀들에게 말하는 방식을 바꾸면 자녀들이 부모를 대하는 태도에도 극적인 변화가 온다고 말하는 부모가 적지 않다. 한 어머니는 두 아이가 말다툼을 할 때 NVC를 사용하여 처음으로 행복한 중재 결과를 얻을 수 있었다고 말했다. 변화를 "기적적"이라고 묘사하는 사람들도 있다. 이렇게 변화가 빨리 일어날 때, 부모들은 새로운 길을 계속 갈 수 있는 힘을 얻게 된다.

깊이 자리 잡은 기존의 대화 방식과 행동 방식을 바꾸는 데에는 상당한 시간과 노력이 필요하다. 변화가 느리게 오면 부모들은 실망하고, 혼란스럽고, 좌절을 느낀다. 거의 모든 상황에서, 부모 역할을 한다는 것은 대단히 어려운 일이다. 그런 부모 역할에서 의미 있는 변화를 만들어 낸다는 것은 정말 어려운 일처럼 느껴질 수 있다. 이런 상황에서는 부모들이 특별한 지원을 제공받는 것이 결정적으로 중요하다. 이때 바람직한 지원은, 되도록 다른 부모들과 가까이 지내면서 서로 공감을 주고받으며 함께 배우는 것이다. 세계 도처에서 활동 중인 NVC 네트워크에서 이런 지원을 받을 수 있다. NVC 지원이 용이하지 않은 지역에서는 전화나 이메일(한국NVC센터, 02-391-5585, www.krnvc.org)을 사용해도 된다. NVC를 배우는 사람이라면 누구나 친구, 가족과 함께 집이나 학교, 종교 기관, 이웃, 직장에서 NVC를 나누는 작은 모임을 만들어 운영해 볼 수 있다.

관계 변화가 느린 부모들도 그들이 경험하는 내적 변화에 대해 말하곤 한다. 그들은 개인적인 치유, 자신과의 더 깊은 연결, 자신과 자녀에 대한 이해가 더욱 크고 넓어지는 것을 경험한다. 비록 자신과 아이들의 행동 변화가 느릴지라도, 계속 희망이 생기는 것 또한 부모들이 얻는 선물이다.

아이들의 기질과 발달 수준이 서로 다름을 인정하기

NVC가 사회나 정치 문제를 다룰 수 있을 정도로 힘이 있고 효과적이더라도, 부모들이 자신과 아이들의 욕구를 돌보면서 매일 당면하는 거대한 도전들에 맞서려면 사회적, 재정적 측면에서 구조적인 지원이 필요하다. NVC만으로는 인종, 성별, 계층, 성적 지향, 신체 능력 등과 관련된 사회적 불평등 같은 문제를 해결하지 못한다. 또한, 자녀마다 다른 발달 수준, 신체 능력, 기질과 관련해 부모들이 당면하는 특별한 도전에 대해서도 온전하게 대비하지 못한다. 사회적, 재정적 지원 및 불평등에 대해 논하는 것은 이 책의 범위를 넘어서는 문제이기 때문에, 여기에서는 아이들의 발달 수준과 기질에 관련된 중요한 몇 가지 사항만을 다루어 보려 한다.

　나이와 기질에 따라 사람들은 특정한 욕구를 더 강력하게 느끼는 경향이 있다. 특정한 연령대의 어떤 자녀가 가지는 핵심적 욕구를 이해하는 것은 그 자녀에 대한 이해를 도모하고 인내심을 키우는 데 크게 도움이 된다. 그리고 그것은 아이의 중요한 욕구를 충족시키는 것과 관련된 문제를 해결하는 데에도 도움이 된다.

　예를 들자면 이제 막 기어 다니기 시작한 아기와 걸음마를 시작한 아기들이 경험하는 가장 강력한 욕구 중 하나는 몸으로 주위를 탐구하는 것이다. 모든 인간이 이런 욕구를 가지고 있지만 특히 이 연령대의 아기들은 다른 욕구(안전이나 집 안의 질서)를 희생하고 서라도 이 욕구를 강력하게 충족하고 싶어 한다. 아기들은 '캐비닛을 열어야 하고, 음식을 던져야 하고, 전깃줄을 잡아당겨야만 한다.' 왜냐하면 이런 행동들이 그들의 탐구욕을 충족시키는 수단이기 때문이다. 부모들은 이런 행동들을 그만두게 하려고 하지만 성공하기 어렵다. 설령 성공한다고 해도, 결국에는 아이들의 중요한 욕구를 충족시켜 주지 못한 데 대한 대가를 지불하게 된다.

부모들이 당면하는 도전 중 하나는, 자녀들이 핵심 욕구를 충족시킬 수 있도록 도와주려면 많은 창의성과 에너지가 필요하다는 점이다. 예를 들자면, 아이가 탐구하고 싶은 욕구가 가장 왕성한 때에는, 아이에 맞게 가구를 다시 배치하면 모두의 스트레스를 줄이는 데 아주 효과적이다.

아이들은 놀이에 대한 강한 욕구도 가지고 있다. 놀이는 아이들 삶에서 결정적으로 중요한 요소이다. 왜냐하면 놀이를 하면서 배우고, 친구를 만들고, 즐거움·탐구·발견·힘·창의성·성장에 대한 욕구를 충족하기 때문이다. 어른들은 놀이할 시간을 내지 못하거나 아이들이 하는 창의적이고 상상력이 담긴 놀이에 친숙하지 않기 때문에, 모든 사람의 욕구를 충족시키는 방법으로 놀이를 하는 데 어려움을 느끼기 쉽다. 만일 부모들이 놀이를 통한 상호작용에 마음을 연다면, 많은 힘겨루기는 순식간에 사라질 것이다.

최근에 한 어머니가 주말에 네 살 난 아들이 제일 좋아하는 친구네 집에 놀러 갔다가 돌아오는 과정을 지켜본 적이 있다. 그 어머니는 아들이 놀이에서 일상으로 돌아가는 과정을 도와주고 있었다. 처음에 어머니가 곧 집으로 떠나야 한다고 말했을 때, 아들은 "알았어."라고 대답했다. 그러나 떠나기 5분 전에 그녀가 다시 말하자, 아들은 아무 말도 하지 않고 잠자코 있었다. 어머니가 아들을 차에 태우려고 하자, "싫어!" 하며 저항했다. 어머니는 먼저 친구하고 노는 것을 즐거워하고 그곳에 더 머물고 싶어 하는 아들에게 공감을 해 주었다. 그런 다음, 집에 가려면 한참 걸리니까 이제 떠나야 한다고 자기표현도 했다. 어머니는 "스쿠터 주차 티켓이 여기 있습니다. D-3 공간에 주차해 주세요."라고 했다. 아들은 티켓을 받아 들고 친구의 장난감 스쿠터를 몰더니 상상의 장소인 D-3에 반듯하게 주차시켰다. 어머니는 "이제는 비행기를 타야 하는데, 가지고 있는 비행기 티켓을 보여 주세요."라고 했다. 아들은 티켓을 보여 주는 시늉을 했고, 어머니는 티켓을 확인한 뒤 돌려주는 흉내를 내면서 배정된 자리는 비행기 뒷자리 가운데라고 말했다. 아들은 즐겁게 차에 올라탔다.

'주차 공간 D-3'과 비행기 티켓은 공감을 유지하는 것 못지않게 효과적인 방법이었다. 그 방법으로 어머니가 원하는 편안함과 연결을 유지하면서도 아들은 놀이에서 일상으로 옮겨 갔을 뿐 아니라, 함께 일상으로 돌아오는 과정에서 아들의 욕구—자신이 원하는 것에 대한 배려, 관심에 대한 욕구, 놀이에 대한 욕구, 어머니와 마찬가지로 편안함과 연결에 대한 욕구—도 고려되고 다루어질 수 있었다.

어떤 부모들은 발달 연령에 따라 아이들의 중요한 욕구가 다르다는 사실을 이해하는 데에서 도움을 얻고, 또 어떤 부모들은 아이마다 기질이 다르다는 사실을 이해하는 데에서 큰 위안을 얻는다. 우리 사회는 자녀들이 달라서 부모들이 겪게 되는 아주 다양한 도전들을 외면한 채 육아 문제를 일반화하는 경향이 있다. 아이들은 서로 다르며, 자기 인간성을 표현하는 저마다 다른 방법들을 가지고 태어난다. 아이들은 모든 인간이 가지는 기본 욕구들을 공통으로 가지고 있지만, 그것들을 다양한 강도로 저마다 다르게 경험하고 표현한다. 서로 다른 아이들을 기르는 것은 매우 색다른 경험이며, NVC를 사용하는 방법도 그와 마찬가지로 아이에 따라 달라진다.

어떤 아기는 아주 얌전하게 담요에 누워, 부모가 다른 일을 하는 것을 지켜보며 잘 논다. 그런가 하면 어떤 아기는 안아 주지 않으면 계속 울어 댄다. 갈등 상황에서도 다른 사람과 다시 잘 어울리는 아이가 있는가 하면, 감정이 고조되었을 때에는 자신만의 시간과 공간을 필요로 하는 아이도 있다. 강렬한 욕구를 가지고 있는 자녀를 둔 부모들은 대체로 압도되고, 지치고, 의기소침해지고, 혼란과 분노를 느낄 때가 많다. 그럴 때 부모들은 자신이나 자녀들을 냉혹하게 판단하기 쉽다. 그러면 그들이 진정으로 원하는 지지나 이해, 수용, 마음의 평화, 희망 등을 얻기가 어려워진다. 그런 부모들에게 내가 기여할 수 있는 바는, 그들이 대면하고 있는 특정한 어려움을 잘 알고 있으며 충분히 공감을 하고 있다는 것이다. 그리고 집 밖에서 더 많은 지원을 얻을 수 있도록, 다른 사람들과 연결하면서 공동체를 만들어 가도록 권하는 것이다.

NVC로 아이 기르기를 고려할 때

1. 앞으로 NVC에 기반을 둔 육아를 고려할 때 어떤 욕구가 충족되기를 바라고 있는가?

이런 욕구가 충족된다고 생각하면 어떤 느낌이 드는가? _____
_____

충족되지 않을 것 같은 욕구는 무엇인가? _____
_____

그것을 생각했을 때 어떤 느낌이 드는가? _____
_____

NVC로 아이를 기르면서 여러분의 욕구도 충족할 수 있는 방법을 떠올릴 수 있는가? _____
_____

2. 가족들과 살아가면서 NVC를 사용했을 때 어떤 상황이 어려울 것 같은가?(관찰도 포함)

3. 그 상황에 여러분이 관여되어 있다면, 여러분의 느낌과 욕구는 무엇인지 찾아보자.

4. 그 상황에 다른 사람이 연관되어 있다면, 그 사람의 감정과 욕구는 무엇일지 추측해 보자.

5. 여러분이 가족 안에서 NVC를 실천하려 할 때 받기를 바라는 특별한 도움이 있는가? 만일 있다면, 누구에게 그 도움을 받고 싶은가? 여러분이 그 사람에게 도움을 청할 때 할 말을 관찰, 느낌, 욕구 그리고 부탁으로 표현해 보자.

6. 그 밖에도 여러분의 욕구를 충족하는 데 도움이 되는 것이 있다면 적어 보자.

평화를 위한 육아

신문을 펼치면 거의 언제나 우리 아이들이 살기를 바라는 세상과는 너무 다른 세상을 묘사하는 기사들을 읽게 된다. 우리는 지역적으로나 세계적으로 전쟁, 폭력 그리고 환경 파괴와 함께 살고 있다. 한 사회라는 공동체로서 평화를 지지하고 자연과 조화를 이루면서 살려면 우리에게 어떤 자원과 기술이 필요한가? 부모들은 어떻게 우리 사회를 비폭력적인 사회로 바꾸어 가는 데 기여할 수 있을까?

아이들이 그들 세대에서는 다른 세상을 만들어 갈 수 있도록 우리는 아이들에게 무엇을 가르칠 수 있을까?

몇 년 전, 다섯 살 된 우리 아들이 중세 기사들 이야기가 들어 있는 성곽에 관한 책을 도서관에서 빌려 와서 읽어 달라고 한 적이 있다. 그 책을 고른 것은 아들이 '목격자Eyewitness'라는 만화 시리즈를 좋아하기 때문이었다. 아들은 책의 주제와 상관없이 그 시리즈를 차례로 거의 다 보고 있었다. 그러나 이번에 고른 책이 나는 마음에 걸렸다. 그 책에서는 성곽을 묘사할 뿐 아니라 기사들과 그들이 입었던 갑옷, 그리고 지난 몇 세기 동안 전쟁에서 쓰인 갖가지 무기에 대해 설명을 하고 있기 때문이었다.

  나는 아이에게 무기를 설명할 마음의 준비가 되어 있지 않았다. 우리 아들이 어린이집에 가지 않고 텔레비전을 보지 않아서 좋았던 점은, 아이가 폭력에 노출되는 일을 훨씬 줄일 수 있었다는 것이다. 그 당시 아들은 '총'이란 말을 한 번도 하지 않았고, 위장된 폭력 게임도 하지 않았다. 전쟁에 대해서도, 그리고 사람들이 의도적으로 다른 사람을 해친다는 것도 알지 못했다. 그런데 이제 성곽에 관한 책을 가지고 와서 읽어 달라고 한다.

  나는 폭력과 현실 세계의 고통으로부터 아이를 격리시키려고 한 것은 아니다. 그러나 나는 언제 어떻게 이런 현실을 우리 생활에 들어오게 할 것인지 선택할 수 있는 위치에 있었다. 나는 여러 설명을 덧붙이면서 책의 일부를 읽어 주었다. 그런데 며칠 후 아들이 또 그 책을 읽어 달라고 하자 나는 그러고 싶지 않다고 말했다. 아들이 왜 그러느냐고 물었을 때, 나는 갈등을 평화적으로 해결하는 방법을 찾을 수 있다고 믿기 때문에 사람들이 다른 사람들에게 폭력을 쓰는 것을 보면 많이 슬프다고 말했다.

물론, 여러 다른 질문들이 뒤따랐다. 그의 질문에 대답하면서 내가 슬퍼하는 것은 기사들과 성곽들의 시대에 있었던 일만이 아니라 지금 일어나고 있는 일들과도 관계가 있다고 말했다. 그리고 내가 자란 곳인 이스라엘과 팔레스타인에서 사람들이 아직도 싸우고 있다고 말해 주었다. "사람들은 왜 싸워요?" 아들은 물었다. 나는 "서로 같은 땅을 가지고 싶어 하는데 그 문제를 풀어 갈 방법을 찾지 못하고 있기 때문"이라고 답했다. "내가 가르쳐 줄 거야!" 아들이 자원했다. 나는 "그 사람들한테 무엇을 가르칠 건데?"라고 물었다. "그 사람들이 각자 땅의 일부를 가질 수 있다고 가르칠 거예요. 나누어 가지라고요." 아들은 쉽게 대답을 했다. 그러고는 "그런데 문제는, 내가 그 사람들을 어떻게 만날 수 있는지 모른다는 거예요."라고 덧붙였다.

아들의 말에 나는 기쁨과 슬픔이 교차했다. 우리 아들, 그리고 많은 어린이들로부터 그들이 세계에 기여하기를 원하고, 분쟁을 평화적으로 해결할 가능성을 믿고 있다는 말을 듣는 것은 얼마나 경이로운 일인가. "그 사람들을 어떻게 만날 수 있는지 모른다."라는 말은 또한 얼마나 적절한가. 우리가 어떻게 '적들'의 마음에 평화의 메시지를 전할 수 있을까. 어떻게 먼저 우리 자신의 가슴을 우리가 깊이 반대하는 행동을 하는 사람들에게 열 수 있을 것인가.

나 자신과 다른 사람 안에서 그런 평화의 마음을 찾는 것은 내 희망의 핵심이고, 육아에서도 가장 큰 영향을 미쳤다. 아이를 기르고 NVC를 가르치면서 내가 분명하게 깨닫는 점은, 우리 가정에서 일어나는 일이 그대로 사회에 반영되고, 사회에서 같은 일들이 일어나는 데 기여한다는 것이다. '적들'이 서로 인간적인 면을 볼 수 없는 것과 마찬가지로, 우리 또한 때로는 다른 사람들을, 심지어 사랑하는 사람들조차도 연민으로 대하는 데 실패한다. 많은 부모들이 힘들어하는 점은, 가정에서 평화와 조화를 갈망하면서도 아이들에게 더 자주 더 빨리 화를 낸다는 것이다.

나는 부모들이 분노의 뿌리를 다루고, 갈등을 해소하며, 매일의 도전을 해결하는 데 도움이 되는 더 많은 자원을 가지기를 바란다. 그런데 불행하게도 우리 대부분이 따르는 문제 해결 방식은 판단, 강요, 보상, 처벌을 하는 것이다. 이런 방식들은, 때로는 효과적으로 보일지 몰라도, 분노를 약화시키기보다는 분노의 악순환을 강화하는 경향이 있다.

이런 방식에서 아이들은 부모들이 전혀 의도하지 않은 것을 배우게 된다. 아이들은 협조, 인화, 상호 존중 등을 배우는 대신에 지배에 대해 철저하게 배운다. 힘을 더 가진 사람들은 자기가 원하는 것을 관철시키며, 힘을 덜 가진 사람들은 복종하거나 반항할 수밖에 없다고 배우는 것이다.

부모로서 우리는 무엇과도 비교할 수 없는 소중한 기회를 가지고 있다. 아이들과 함께 살면서 다른 패러다임의 모범을 보여 줄 수 있는 것이다. 그것은 다른 사람들과 연결하고 갈등을 평화롭게 해결하는 데 기여할 수 있는 기술을 보여 주는 모델이다. 이런 기술을 기르는 관건은 우리가 서로의 인간성을 보는 관점을 바꾸는 것이다. NVC에서는 모든 사람이 가진 기본 욕구가 같으므로 다른 사람의 욕구를 이해하고 공감할 때 우리는 서로 연결할 수 있다고 강조한다. 갈등이 일어나는 것은 우리가 서로 다른 욕구를 가지고 있기 때문이 아니다. 우리가 욕구를 충족하는 서로 다른 방법들을 가지고 있기 때문이다. 우리가 말다툼하고, 싸우고, 전쟁을 하는 것은 욕구를 충족하는 방법 차원에서 일어나는 일이다. 갈등은 다른 사람의 방법이 우리 자신의 욕구를 충족하는 데 방해가 된다고 생각할 때 일어난다.

그러나 우리에게 아무리 비효율적이고 비극적이고 폭력적이며 혐오스럽게 보이는 방법이라 할지라도, 그 모든 행동은 그 뒤에 있는 어떤 욕구를 충족하기 위한 시도라는 것 또한 NVC는 보여 준다. 이런 개념은 '좋은 사람' '나쁜 사람'이라는 이분법적인 생각을 완전히 뒤집어 놓으며, 모든 행동 뒤에 있는 인간 자체를 보도록 한다. 우리 자신과 다른 사람들의 행동을 유발하는 동기인 욕구를 이해하면, '적'이란 존재하지 않는다. 모든 사람, 심지어 우리를 괴롭히는 행동을 하는 사람에서도 인간성을 볼 수 있다. 우리가 가진 막대한 자원과 창의성으로 우리가 모든 사람의 욕구를 평화롭게 충족할 수 있는 방법을 찾을 수 있다고 나는 믿는다.

가정생활에서 날마다 대면하는 어려운 상황에서 자녀를 기르는 방법을 바꾸는 것은 대단히 도전적이고 힘든 일이다. 그러나 이런 변화는 가족들 사이에 아주 깊은 연결과 신뢰를 가져온다. 깊은 연결에 기반을 두고 아이를 기를 때, 그 파급 효과는 한 가족을 넘어 모든 사람의 욕구가 존중되는 평화로운 세계를 만드는 데까지 나아갈 것이다. 우리 자녀 세대 아니면 더 후세대에 평화가 현실이 되는 세계를 지향하는 사회운동을 이끌어 가는 큰 힘이 될 것이다. 그 일은 우리 모두가 연민의 언어로 대화하는 법을 배울 때 일어난다.

욕구가 충족되었을 때

- 가벼운
- 고마운
- 기쁜
- 든든한
- 뭉클한
- 뿌듯한
- 생기가 도는
- 신나는
- 안심한
- 자랑스러운
- 즐거운
- 충만한
- 편안한
- 평온한
- 평화로운
- 홀가분한
- 흐뭇한
- 흥미로운
- 희망에 찬
- 힘이 솟는

욕구가 충족되지 않았을 때

- 걱정되는
- 괴로운
- 꺼림칙한
- 낙담한
- 난처한
- 답답한
- 당혹스러운
- 두려운
- 불편한
- 슬픈
- 실망스러운
- 아쉬운
- 외로운
- 우울한
- 절망적인
- 조바심 나는
- 지루한
- 짜증 나는
- 혼란스러운
- 화나는

자율성autonomy
- 꿈/목표/가치를 선택할 수 있는 자유
- 자신의 꿈/목표/가치를 실현하기
  위한 방법을 선택할 자유

축하celebration/**애도**mourning
- 생명의 탄생이나 꿈의 실현을 축하하기
- 잃어버린 것(사랑하는 사람, 꿈 등)을
  애도하기

진정성/온전함integrity
- 자기 존재에 대한 믿음
- 창조성 • 의미 • 자기 존중 • 정직

몸 돌보기physical nurturance
- 공기 • 음식 • 물
- 신체적 보호 • 따뜻함
- 자유로운 움직임 • 운동
- 휴식 • 성적 표현 • 주거 • 잠

놀이play
- 재미
- 웃음

영적 교감spiritual communion
- 아름다움
- 조화 • 영감
- 평화 • 질서

상호 의존interdependence
- 수용 • 감사 • 친밀함
- 공동체 • 배려
- 삶을 풍요롭게 하기 위한 기여
- 정서적 안정 • 공감 • 연민
- 돌봄 • 소통 • 협력
- 나눔 • 인정 • 우정
- 사랑 • 안심 • 존중
- 지지 • 신뢰 • 이해

★ 위의 느낌과 욕구 목록에 자신의 것을 추가해 보십시오.

NVC를 적용하는 방법

말하기
상대방을 비난하지 않으면서
나 자신을 솔직하게 말할 때

듣기
상대방의 말을
공감으로 들을 때

관찰

상황을 있는 그대로 관찰하기
"내가 ~을 보았을(들었을) 때"

상황을 있는 그대로 관찰하기
"네가 ~을 보았을(들었을) 때"

느낌

나의 느낌
"나는 ~하게 느낀다."

상대방의 느낌
"너는 ~하게 느끼니?"

욕구/필요

나의 느낌 뒤에 있는 욕구/필요
"나는 ~이 필요(중요)하기
때문에……"

상대방의 느낌 뒤에 있는 욕구/필요
"너는 ~이 필요(중요)하기
때문에……"

부탁/요청

내가 부탁하는 구체적인 행동
연결부탁
"내가 이렇게 말할 때
너는 어떻게 느끼니(생각하니)?"

행동부탁
"~를(을) 해 줄 수 있겠니?"

상대방이 부탁하는 구체적인 행동
"너는 ~를 바라니?"

CNVC와
한국NVC센터(한국비폭력대화센터)에 대하여

CNVC The Center for Nonviolent Communication

CNVC는 NVC를 배우고 나누는 일을 지원하고, 개인과 조직, 정치적 환경 속에서 일어나는 갈등들을 평화롭고 효과적인 방법으로 해결하는 것을 돕기 위해 1984년 마셜 로젠버그가 설립했다.

CNVC는 모든 사람의 욕구를 소중히 여기고, 삶이 가진 신성한 에너지와 연결된 의식 속에서 살아가는 사람들이 서로에게 즐거운 마음으로 기여하며, 갈등을 평화롭게 해결하는 세상을 지향한다.

CNVC는 지도자인증프로그램, 국제심화교육(IIT), NVC 교육과 NVC 공동체 확산을 위한 활동을 하고 있다. 현재 800여 명의 국제인증지도자들이 전 세계 80개국이 넘는 지역에서 활동하고 있다.

2240 Encinitas Blvd, Ste D-911

Encinitas, California 92024 USA

website: www.cnvc.org / e-mail: cnvc@cnvc.org

한국NVC센터(한국비폭력대화센터)

모든 사람의 욕구가 존중되고 갈등이 평화롭게 해결되는 사회를 이루려는 꿈을 가진 사람들이 2006년 캐서린 한$^{Katherine \ Singer}$과 힘을 모아 만든 비영리 단체이다. 한국NVC센터는 NVC 교육과 트레이너 양성을 통해 우리 사회에 기여하기 위해 설립되었다. 교육은 (주)한국NVC교육원에서 진행하고 한국NVC센터(NGO)는 NVC의 의식을 나누는 활동을 하고 있다.

한국NVC센터가 하는 일

- **NVC교육(한국어/영어)**

  소개, NVC 1·2·3, NVC 집중, NVC LIFE, IIT(국제심화교육), 중재교육, 부모교육, 놀이로 어린이들에게 NVC를 가르치는 스마일 키퍼스® Smile Keepers®, 가족캠프, NVC 심화를 돕는 다양한 주제별 강의 등

- **외부교육**

  기업, 학교, 법원 등 각종 기관과 조직 안에 소통을 통한 조화로운 관계를 만들기 위하여 요청과 필요에 맞춰 교육과정을 제공한다.

- **상담(개인/부부/집단)**

  내담자의 느낌과 욕구에 공감하며, 더 행복하게 사는 데 도움이 되는 행동이나 결정을 내담자가 찾아 가도록 도와준다.

- **중재**

  한국NVC중재협회를 통해 중립적인 위치에서 느낌과 욕구에 기반을 둔 대화를 도와줌으로써 모두의 욕구가 충족될 수 있는 방법을 찾아 가도록 한다. 현재 지방법원과 서울가정법원에서 조정위원으로 활약하고 있다.

- **연습모임 지원**

  모임을 위한 장소를 대여하고 연습을 위한 정보와 자료를 제공한다.

- **교재·교구 연구개발, 제작 및 판매**

- **번역, 출판 사업**

* 그 밖에도 비폭력대화의 확산을 위해 보호관찰소, 법원, 공부방 등과 탈북인을 위한 여러 가지 일을 하고 있다.

연락처
비영리사업 nvccenter@krnvc.org 02-391-5585
교육문의 nvc123@krnvcedu.com 02-325-5586
강사의뢰 workshop@krnvcedu.com 02-6085-5585
출판 및 판매 books@krnvcbooks.com 02-3142-5586
홈페이지 www.krnvcbooks.com Fax 02-325-5587
주소 (06159) 서울시 강남구 삼성로 95길 23, 3층(삼성동, 남양빌딩)

비폭력대화·Nonviolent Communication

마셜 B. 로젠버그 지음 | 캐서린 한 옮김 | 한국NVC센터 | 18,000원

Nonviolent Communication: A Language of Life(3rd edition)의 번역서.
NVC의 기본 개념, NVC 모델, 프로세스 등이 자세히 나와 있는 기본 텍스트다. 2004년에 나온 초판의 개정증보판으로, 디팩 초프라의 머리말과 '갈등 해결과 중재'를 다룬 제11장이 새로 추가되었다.

비폭력대화 워크북
Nonviolent Communication Workbook

루시 루 지음 | 한국NVC센터 옮김 | 한국NVC센터 | 16,000원

NVC 인증지도자인 루시 루의 개인과 연습모임을 위한 안내서.
Nonviolent Communication Companion Workbook의 번역서로서, 기본 텍스트인 마셜 로젠버그의 『비폭력대화』에 맞춰 한 장 한 장 연습할 수 있도록 도와준다. NVC를 연습해 볼 수 있는 다양한 활동과 연습모임 리더에게 도움이 되는 제안 등이 담겨 있다.

갈등의 세상에서 평화를 말하다
Speak Peace in a World of Conflict

마셜 B. 로젠버그 지음 | 정진욱 옮김 | 캐서린 한 감수 | 한국NVC센터 | 12,000원

NVC의 원리를 적용해 자기 내면에서, 타인과의 관계에서, 그리고 다양한 사회조직 안에서 발생하는 갈등과 문제를 평화적으로 해결하는 방법을 알려 준다. 실제 사례와 연습 중심으로 구성된 실천 지침서.

삶을 풍요롭게 하는 교육·Life-Enriching Education

마셜 B. 로젠버그 지음 | 캐서린 한 옮김 | 한국NVC센터 | 13,000원

교육 현장에서 교사와 학생들이 비폭력대화를 통해 자율성과 상호 존중을 배울 수 있는 학습 환경을 만들어 가는 방법을 보여 준다. 라이앤 아이슬러가 서문을 쓰고, P.E.T.의 토머스 고든이 추천하는 책이다. 교사들을 위한 비폭력대화.

크리슈나무르티, 교육을 말하다
Education and the Significance of Life

J. 크리슈나무르티 지음 | 캐서린 한 옮김 | 한국NVC센터 | 12,000원

독창적 사상가 크리슈나무르티가 '교육은 무엇인가?'라는 질문에 답한다. 잘못된 사회 구조와 가치관에 대한 순응, 두려움과 경쟁, 갈등과 비참을 부추기는 현대 교육의 문제점을 꼬집고, 통합적 자기 이해를 바탕으로 주위의 모든 것과 바른 관계를 맺도록 돕는 교육 본연의 모습으로 돌아가라고 촉구하는 교육론의 고전.

비폭력대화(NVC) 작은책 시리즈 ❷
우리 병원 대화는 건강한가?
Humanizing Health Care

멜라니 시어스 지음 | 이광자 옮김 | 캐서린 한 감수 | 한국NVC센터 | 12,000원

환자를 더 잘 돌보고, 의료 기관에 종사하는 모든 사람들이 건강하기 위해서 병원의 권위적인 문화를 어떻게 바꾸어 나가야 하는지 자세히 알려 준다. 실제 병원에서 NVC가 가져온 효과를 보여주고 있다.

비폭력대화(NVC) 작은책 시리즈 ❸
정말 배고파서 먹나요?Eat by Choice, Not by Habit

실비아 해스크비츠 지음 | 민명기 옮김 | 캐서린 한 감수 | 한국NVC센터 | 11,000원

NVC 프로세스를 적용해 음식을 먹는 패턴 뒤에 있는 정서 의식을 더 깊이 탐구할 수 있도록 도와준다. 음식과 더 건강한 관계를 맺는 실질적인 방법을 제시한다.

비폭력대화(NVC) 작은책 시리즈 ❹
비폭력대화NVC와 실천적 영성Practical Spirituality

마셜 B. 로젠버그 지음 | 캐서린 한 옮김 | 한국NVC센터 | 8,000원

비폭력대화의 영적인 기반에 대한 마셜 로젠버그의 간결하고 즉흥적인 설명을 담고 있다. 자신과 다른 사람 안에 있는 신성과 연결하고, 공감과 연민의 세상을 만들어 내기 위한 영감을 받을 수 있을 것이다.

비폭력대화(NVC) 작은책 시리즈 ❺

분노의 놀라운 목적 The Surprising Purpose of Anger

마셜 B. 로젠버그 지음 | 정진욱 옮김 | 한국NVC센터 | 8,000원

분노는 우리 욕구가 충족되지 못하고 있음을 알리는 경보이고, 따라서 내면의 소중한 것들에 연결되도록 우리를 이끄는 선물이다. 마셜 로젠버그가 NVC 프로세스를 분노 다루기에 적용해 문제를 평화적으로 해결해 가는 방법을 알려 준다.

비폭력대화(NVC) 작은책 시리즈 ❻

비폭력대화와 사랑
Being Me, Loving You

마셜 B. 로젠버그 지음 | 이경아 옮김 | 10,000원

사랑이란 우리가 다른 사람에 대하여 느끼는 감정, 그것도 강렬한 감정이라고 생각하는 사람이 많다. 마셜 로젠버그가 사랑을 그와 전혀 다르게, 그리고 삶을 풍요롭게 하는 방식으로 이해하도록 우리를 돕는다.

비폭력대화(NVC) 작은책 시리즈 ❼

비폭력대화와 교육
Teaching Children Compassionately

마셜 B. 로젠버그 지음 | 정진욱 옮김 | 8,000원

처벌이나 보상, 죄책감이나 수치심 같은 강압적 수단에 의해 동기를 부여받기에는 배움이란 너무도 소중하다. 그 대안으로 삶을 존중하는 마음, 우리 자신과 다른 사람들의 행복에 기여하려는 욕구에 의해 동기가 부여되는 교육이 어떻게 가능한지 안내한다.

자칼 마을의 소년 시장 The Mayor of Jackal Heights

리타 헤이즈그, 캐시 스미스 지음 | 페기 파팅턴 일러스트 | 캐서린 한 옮김
한국NVC센터 | 9,000원

비폭력대화의 개념을 동화로 표현한 작품이다. 서로의 차이를 인정하고 갈등을 평화롭게 해결하기 위한 비폭력대화의 핵심을 재미있게 표현하고 있다.

기린주스 Giraffe Juice

JP 알렌 · 마시 윈터스 지음 | 타마라 라포르테 그림 | 이종훈 옮김 | 한국NVC
센터 | 12,000원

비폭력대화를 세상에 널리 알릴 수 있는 새롭고 재미있는 방식을 찾아 달
라는 마셜 로젠버그의 요청을 받고 집필한 동화책이다. 어린이 들이 관찰,
느낌, 욕구, 부탁이라는 비폭력대화의 4단계를 자연스럽게 깨닫고 몸에 익
힐 수 있도록 안내하고 있다.

기린과 자칼이 함께 춤출 때
Wenn die Giraffe mit dem Wolf tanzt

세레나 루스트 지음 | 슈테판 슈투츠 그림 | 이영주 옮김 | 한국NVC센터 |
13,000원

비폭력대화 입문서로서 비폭력대화의 4단계(관찰, 느낌, 욕구, 부탁)에
초점을 맞추어 NVC의 핵심 원리를 전하고 있다. 일상에서 흔히 접할 법한
상황과 대화를 소재를 사용하여 흥미롭고 이해하기 쉽게 구성되어 있다.

어린이를 위한 NVC 워크숍

스마일 키퍼스 1(5~10세) 스마일 키퍼스 2(11~15세)
나다 이냐토비치-사비치 지음 | 한국NVC센터 옮김 | 한국NVC센터 | 각권
18,000원

어린이들이 재미있는 놀이를 하면서 상호작용을 통해 정서적 안정을 유지
하고, 갈등을 극복할 방법을 찾고, 의사소통 기술을 향상시키고, 자신감과
타인에 대한 신뢰를 키우고, 자신과 타인을 더 잘 이해할 수 있도록 돕는
32회의 워크숍 프로그램. 진행 방법을 자세히 안내해 교육 현장에 서 바로
활용할 수 있게 구성되어 있다.

갈등을 협동으로 바꾸는 7개의 열쇠
부모와 자녀 사이 Respectful Parents, Respectful Kids

수라 하트, 빅토리아 킨들 호드슨 지음 | 정채현 옮김 | 한국NVC출판사 | 15,000원

가족들이 서로 존중을 통해 갈등을 평화롭게 해결하면서 모두의 욕구를
충족하고 함께 성장해갈 수 있는 방법을 안내해주고 있다. 바 로 실천할
수 있을 만큼 알기 쉽고 구체적인 7가지 방법을 싣고 있다.

다루기 힘든 감정들과 친구 되기
분노 죄책감 수치심:
리브 라르손 지음 / 이경아 옮김, 한국NVC출판사 정가 15,000원

이 책은 분노, 죄책감, 수치심과 같이 다루기 힘든 감정들을 더 풍요 로운 삶을 살 수 있도록 돕는 신호로 받아들여, 우리 안에 있는 욕구 와 더 깊이 연결할 수 있는 방법을 안내해주고 있다.

비폭력대화로 치매에 말 걸기
치매가 인생의 끝은 아니니까
패티 비엘락스미스 지음 | 이민아 옮김 | 한국NVC출판사 | 16,000원

치매인을 돌보는 사람들이 [치매 관계] 속에서 겪는 어려움을 비폭력 대화로 어떻게 풀어나갈 수 있을지 안내해주고 있다. NVC 인증지도 자이면서 치매 전문 요양보호사로 일하면서 얻은 경험을 바탕으로 쓴 책이다.

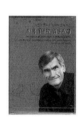

마셜 로젠버그 박사의
비폭력대화 입문과정 DVD
한국NVC센터 | 한글/영어 자막, 1세트 2DVD | 45,000원

마셜이 진행한 NVC 입문과정 워크숍The Basics of Nonviolent Communication을 녹화한 것이다. NVC를 처음 배우는 사람에게 훌륭한 기본교재일 뿐만 아니라, 이미 알고 있는 사람에게도 깊이 있게 이해하는 데 도움이 된다. 마셜이 기타를 치면서 노래도 하며 실제 사례를 들고 있어 재미있게 배울 수 있다.

비폭력대화 공감카드게임 그로그 (GROK)
한국NVC센터 | 30,000원

느낌카드 한 묶음, 욕구카드 한 묶음, 여러 가지 게임에 대한 설명서가 들어 있다. 자신의 욕구를 더 명확하게 인식하고, 쉽게 상대방에게 공감할 수 있으며, 모임에서 놀이하듯 활용할 수 있다. NVC를 모르는 사람, 특히 아이들과 NVC를 나누는 데 효과적이다.

NVC 느낌욕구 자석카드

한국NVC센터 | 45,000원

느낌 자석카드 50개, 욕구 자석카드 50개가 들어 있다. 어린이, 청소년들의 학교 현장, 각종 교육기관, 가정 등에서 자신을 솔직하게 표현하고 다른 사람에게 공감하는 것을 배울 수 있는 교육 교재로 교육, 상담, 놀이에 활용할 수 있다.

기린/자칼 귀 머리띠(Ears)
개당 10,000원

기린/자칼 손인형(Puppets)
개당 15,000원

손인형과 귀 머리띠 세트 (각 1개씩 총 4개 한 세트) 세트 40,000원

만해마을 집중심화 DVD(한국어 통역)

로버트 곤잘레스, 수잔 스카이

세트 250,000원(비참가자) 200,000원(참가자) **낱개** 20,000원(비참가자) 15,000원(참가자)

2007년 5박 6일간 한국NVC센터 주최로 인증지도자인 로버트 곤잘레스와 수잔 스카이를 초청해서 진행한 집중심화 훈련을 DVD로 정리한 것이다.